中华通史故事

励志歌

徐　潜

于永玉／编著

中华工商联合出版社

图书在版编目（CIP）数据

中华通史故事．励志歌/徐潜，于永玉编著．--北京：中华工商联合出版社，2016.10
ISBN 978-7-5158-1801-6

Ⅰ．①中… Ⅱ．①徐… ②于… Ⅲ．①中国历史—青少年读物 Ⅳ．①K209

中国版本图书馆 CIP 数据核字（2016）第 247851 号

中华通史故事·励志歌

编　　著：	徐　潜　于永玉
出 品 人：	徐　潜
策划编辑：	魏鸿鸣
责任编辑：	林　立
封面设计：	周　源
营销总监：	曹　庆
营销推广：	王　静　万春生
责任审读：	郭敬梅
责任印制：	迈致红
出版发行：	中华工商联合出版社有限责任公司
印　　刷：	天津旭丰源印刷有限公司
版　　次：	2016 年 12 月第 1 版
印　　次：	2023 年 4 月第 4 次印刷
开　　本：	710mm×1020mm　1/16
字　　数：	200 千字
印　　张：	16.75
书　　号：	ISBN 978-7-5158-1801-6
定　　价：	59.80元

服务热线：010－58301130
销售热线：010－58302813
地址邮编：北京市西城区西环广场 A 座
　　　　　19－20 层，100044
http://www.chgslcbs.cn
E-mail：cicap1202@sina.com（营销中心）
E-mail：gslzbs@sina.com（总编室）

序 言

　　在人类文明进化的历史中，曾经绽放出无数的文明之花，古老的两河文明；神秘的印加、玛雅文明；辉煌的希腊、罗马文明；灿烂的埃及文明；多彩的印度文明和深厚的中华文明。然而，除中华文明外，其他文明不是衰落就是中断，都被尘封在浩瀚的历史云烟中。只有中华文明，历经波折坎坷，从血雨腥风中存活下来，壮大起来，至今依然生生不息，散发着永恒的魅力，这是为什么？是因为中华文明传递的过程中，民族的脊梁没折，文化的血脉未断。这是中华文明能历久而弥新，永远屹立的灵魂。

　　今天，当我们来探讨中华文明长盛不衰的原因时，可以归纳出许许多多的内容，总结出各种各样的经验和规律。然而，真正的历史永远会比理论来得生动和丰富，因为历史是由人和故事熔炼成的，当我们了解那些人和故事，我们就能感知到那些历史，那是与我们生命息息相通的、有血有肉的历史。正如大诗人歌德所说：理论是枯燥的，只有生命之树常青。

　　我们这套中华通史故事，就想让读者用自己的心灵去感知那些倾注了民族脊梁和文明血脉的人和故事，去感悟中华文明生生不息的生命力。这对我们提增民族自信，筑牢民族精神，涵养人生正气，都有着不可替代的价值。这套书从爱国、勤廉、智勇、励志、修身五个方面共收辑了三百多个故事，满满的正能量，相信它们会给你带来丰富的人生营养，让我们的人生折射出更耀眼的光华。

参加本书撰写的还有刘建男、王放、王天辉、刘庆国、刘建伟、刘建平，在此一并表示感谢！

徐飞

2016、11、8

女娲补天留英名

黄帝自在涿鹿之野战胜蚩尤之后，即被天神征召到天神那里成为主管农业的大神。黄帝一走，人间人类总统领的位置就出现了空缺。黄帝在位之时，曾在东、南、西、北四方，每方委任一位统领管理那一方的土地和人民。其中南方的统领名叫共工，他性如烈火，疾恶如仇。但由于性情暴烈，他总是不假思索地行事，南方的社会就不如北方的社会治理得那么好。北方的统领名叫颛顼，他为人和善，善于思考，很得北地民众的爱戴。共工和颛顼都想继黄帝之后成为人类的总统领。可是这个大统领的位置只有一个，黄帝又没有留下遗言让谁去当，而且那时候人类还没有发明选举制度，若是像蚩尤和黄帝那样来一场涿鹿大战的话，双方百姓损失必多。共工和颛顼都是正直无私的人，他们不愿把百姓拖入战争之中，于是他们决定在不周山上来一场单打独斗，谁胜谁就为总统领。这种办法就好比后来的剑客侠士比武决斗一样。

不周山在今昆仑山的极西极北之处，原本为盘古的右胳膊所化，它耸立在大地边缘的西北角上，山顶与天相接，是支撑天地之间的四根擎天柱之一。到了约定的时间共工和颛顼在不周山的山坡上聚齐了，两人按照礼节互致问候以后，就各展神通厮拼起来。这场比武大战一直打了七七四十九天，住在不周山下的老百姓，在这四十九天中，每时每刻都能听到山腰处不时发出轰天巨响，大地为之震颤。到了四十九日的亥时之末，只听共工在山腰上大吼："战你不过，活着何用，不如触山而死，把总统领之位让于你吧！"又听颛顼大声阻止说："只要你不触不周之山，我宁愿将总统领之位让你。"这两位英雄一是性如烈火，争战不胜宁愿死去，也羞于活在世间，但他心粗少虑，却不知此不周山乃为天柱，一旦折断后果不堪设想；一是和善厚重心细思密，争战虽胜，但知如果共工触断天柱，那将给人类带来莫大灾难，于是他宁愿放弃总统领之位，也不愿共工去触不周之山。但他的劝阻毕竟迟了一步，共工已倾全力以头触上了不周之山。

不周山倒了，西北一角的天柱折了，紧接着由于天体失衡，东北、西南、东南三根天柱也咔咔碎裂断折下来。往昔盘古曾以其肠化为四条维系和固定天地的绳索，此时也由于天体的东侧西斜被崩断了。一时间天上的日月星辰陨落地面，点燃了山林草原，山精野兽冲出山林草莽到处为害；天河之水自天倾泻而下，大地一片汪洋，绝大多数人被泡在水中，水中巨兽逸出江河湖海，见人即噬。只有极少数的人，在天柱断折的那一刹那临危登高，才幸免于难。但田园被毁，家畜随波，没吃没穿，也只能奄奄待毙了。人类面临绝种的危险。

女娲自造人之后，即选一风景绝佳之处隐居起来，她白天放情山水，晚上秉烛抚琴，自得其乐，生活得好不惬意，就这样安安静静地过了几万年之久。一日她忽生奇想："我乃盘古心脏所化，秉先天之灵气，具先天之神通，但我功力毕竟还有其限，比如盘古可开天辟地，而我却还不能改天换地，反正闲来无事，我何不再炼奇功，激发自身潜能，有朝一日也可做一番改天换地的伟业出来？"自那一日起，她就闭关修炼起改天换地的奇功来。这一闭关，就又是一千多年过去了，就在共工怒触不周山的前一刻，她从瞑目守神中睁开了眼睛，自觉这一千余年中，她的改天换地神功已有小成，可以告一段落了。她怀着喜不自禁的心情走出闭关室外，观望着满天星斗，神驰遐想。忽听得惊天动地的一声巨响，天塌了下来。这一刻，正是共工怒触不周山之时，随之所发生的一切，都被她历历收入眼底。当此之时，已不容她多想，急忙赶赴受灾最重地区。

女娲心里明白，要制止这场灾难的继续扩大，唯有先止住天塌，她这一千余年来日夜苦练的改天换地神功，正好可在此时发挥作用。于是她运起神功，从东洋大海捉来一只开天辟地时在盘古身上寄生的最大动物所化生的大鳌，用神功再将它催化成顶天立地之巨，让它暂时托负住还在下坠的天穹。然后砍下了它的四足立于断折的四根擎天大柱之处，让其依旧化为四座山峰，稳住了天顶的下滑。这时这只被砍断四足的大鳌已经没有用了，但女娲感念它在危急之时立下的大功，所以依旧将其放回东洋大海。无奈此鳌已无四足，不能游动，进入东洋大海以后想到此生再无畅游四海的乐趣，不由一叹："既已舍掉四足为人类做了一件好事，不如好人做到底罢了！"即在东洋大海之内，化而为一个岛屿，现今东洋大海内的龟岛即是。

女娲重立擎天柱，天虽然已经不再塌陷了，但天顶多处已残缺不全，到处都有缺角开洞，天河之水仍在源源不断地下泻。女娲就在大地上遍采五色之石，利用日精月华将其焊接到天顶的缺口处。在将天修补完好之后，女娲又将落于大地上的日月星辰重新安装在天顶之上。至此女娲本应舒口气了，但大地之上的洪水仍无处宣泄，所剩之人民还局处一隅。如果没有大片膏腴之地供他们播种五谷，放牧牛羊，他们仍然不能生存下来。女娲又不辞辛苦，采集普天之下的芦苇堆积起来，取火点燃，用芦灰以堙洪水，营造了大片膏腴之地。从此大地上就出现了三山、六水、一分田的地貌格局。本来女娲还想多营造些膏腴之地，无奈芦灰已经用尽了。尽管大地上的土地面积少了点，但由于都是芦灰造成的腐殖土，所种五谷的产量却比天塌之前还要高出许多。从此人们过上了安居乐业的生活。

女娲被公认为中华民族的始祖，她为了生存不怕艰辛的补天事迹，永远激励着华夏子孙。

精卫鸟衔石填海

炎帝以清净无为治理天下，那时候普天下的人都非常朴实厚重，世界上还没有出现过劫杀掳掠、争名夺利的事情，人与天地自然达到了高度的和谐统一。因而人的自身潜能极易得到开发，特别是那些由女娲精心雕塑而化生的人，他们不仅是盘古的肌肉而化生的，而且被女娲灌注了先天神通，许多人都具有了超于常人的神通伟力。这些人就是我们今天所称之为仙人的人，炎帝就是这些仙人之一。后来女娲对这些仙人都委以了重任。有的管天，有的管地，有的管生，有的管死……

炎帝是管地的大神，由于他把大地的人类社会治理得井井有条，因而他得到了管天大神的帮助。他与管天的大神共同订立天地盟约：天神每月的初五日要给大地降一次雨，称之为行雨；每到初十日再降一次雨，称为谷雨；每到十五日又需降一次雨，称为时雨。就这样天神每隔五日为大地降一次雨，大地实现了年年风调雨顺，因而人们又称炎帝为神农。

炎帝的妻子叫作听诉，她和炎帝共同生了一儿四女。他们的儿子叫做炎居，他们的女儿一名少女，一名帝女桑，一名瑶姬，一名女娃。炎居辅佐他父亲管理天下。少女与炎帝的大臣掌管行云施雨的雨师赤松子相恋，赤松子经常往来于炎帝和天神之间。那时，天神和人类都共住在大地上，天神的住地在昆仑山上。一次赤松子去昆仑山与天神商量给大地施雨的雨量问题，少女追随赤松子也去了昆仑山，从此她就留在了昆仑山上，成了一名天仙。帝女桑居住在现今湖北省的南阳愕山桑树之上学道成了仙，她每月两次变化，前半月她变化成白色的喜鹊为人们报喜，后半月她又恢复成美丽女子形象。后来她也驾云飞往昆仑山，成了一位天仙。瑶姬是一位美丽多情的姑娘，她非常向往凡俗人的生活，几万年以后，她与春秋战国时的楚襄王有一段美丽动人的梦恋故事，被宋玉写成了《高唐赋》。

炎帝最小的女儿女娃是位性格开朗，最喜欢游山玩水的女孩子。她从小在父母身边长大，炎帝和听訞虽然很喜欢她，但对她的管教很严，从来不许她随意玩耍。到了她18岁那一年，她听父亲身边的大臣说：东海之上有仙山，一名蓬莱，一名瀛洲，一名方丈。山上仙姬乘鹤弄箫，仙乐杳杳，清泉流瀑，奇花异草，美不胜收。于是她就萌生了东游沧海，登临仙山之想。

这一日，她偷出家门，出神农架一直向东行去。一路上她游历于桑林田陌之间，眼见着田舍村夫村妇成双入对，男耕女织，尽享天伦之乐，她自己虽然子子独行，但小女孩情窦未开，亦不以为意，反而人乐亦乐，自己也乐不可支。似这样她走走停停，更行二百余里来到了发鸠之山。其山多生柘木，体坚叶阔，一株柘木之上落有一鸟，体型大小有如乌鸦，毛色黑白相间，头生凤冠五彩斑斓，喙白足赤，甚是美丽。她忽而童心大起，以口作哨音作鸟鸣，哨音一起，那鸟亦振翅长鸣，其音嘹亮而略带哀伤，有如童稚之少女大呼"精卫、精卫"，此鸟之名即为精卫。女娃生于炎帝之家，虽父母管教甚严，却也不知哀伤之为何物，耳听此鸟鸣声略带呜咽，也不禁受其感染，想到自己形单影只，为看仙山这些日子来也着实吃了不少苦，不免也有点悲从心来，同情之心油然而生。禁不住对那鸟儿柔声说道："莫悲，莫悲，假如人死还能托生，来生我一定变一个与你一模一样的鸟儿前来伴你。"没想到此言竟成谶语，后来她溺死东海，灵魂真的变成了精卫鸟。

　　小女孩悲伤来得快去得也快，想到即将到仙山，她又高兴起来，这一天她就在发鸠之山上东游游西逛逛玩耍了一天，夜晚她就席草宿在柘木之下。第二天早起，她临溪梳妆完毕，继续向东进发，不一日她就到达东海岸边。

　　古人说："无风三尺浪，有风浪千尺。"女娃到达东海岸之时，正赶上风高浪急之日，凶猛的大风推动着海浪拍向岸边，拍得海岸岩石轰轰作响，甚是吓人。面对如此汹涌的大海，女娃还真的有点怕了，但当她登上海岸的最高处，放眼向东望去的时候，海外三仙山那缥缥缈缈似真似幻的影像，却坚定了女娃要一探仙山的勇气。那时候世界上还没有人造出船来，对于海外三仙山，除了像炎帝那样的陆地神仙和天神天仙外还没有人上去过。女娃那一年刚刚18岁，还没有修炼成陆地神仙。但是要一探三仙山的欲望，促使女娃决定泅过海峡，登上三仙山。于是她纵身跳入大海，奋力向三仙山的方向泅去。她刚刚泅出不远，大海的波涛就吞噬了她。就在她的肉体已经死亡的时候，她的灵魂却没有灭去，怀着满腔的怨恨和哀伤化作了一只精卫鸟，从她被淹没的地方冲出，展翅飞回到发鸠之山，与发鸠之山上的那只精卫鸟结成了伴侣。她怀恨大海夺去了她的宝贵生命，决心填平这个夺去她宝贵生命的大海。自那以后，她就与她的伴侣，不停地衔来西山之石以填大海。她的子孙后代也按照她的意愿，世世代代，生生息息填海不止。直到今天，我们还可以看到精卫鸟衔石填海的壮举。

　　　　精卫填海表现的是一种不屈不挠的奋斗精神和勇于搏斗的惊人壮举，这正是中华始祖留传下来的美好品德。

夸父忍渴追烈日

在玉皇大帝任命的管理天上、人间、幽冥三界的各路大神中，有一位是专门管理三界邮政业务的大神，他的名字叫夸父。夸父是玉皇大帝的第八世孙。他出生时玉皇大帝还在人间当总统领，还没有被天神召往昆仑山。那时候的玉皇大帝还称为炎帝。炎帝生炎居，炎居生节并，节并生戏器，戏器生祝融，祝融生共工，共工生后土，后土生信，信生夸父。从炎居算起，到夸父整整是第八代。

玉皇大帝任命夸父当管理三界邮政业务的大神，和他一起被任命的还有他的两个助手，一名顺风耳，一名千里眼。顺风耳能听得见千里之内人说话的声音，不过若超过千里就听不到了，而且还需没有干扰的情况下，如果他要倾听千里之内某个人在说什么，在某人左近出现锣鼓喧天的干扰视听的现象出现，那他也就听不到了。千里眼能看见千里之内所发生的事情，超过千里他也就看不见了，而且他也特怕对他视觉的干扰，如果他要观察千里之内某人在干什么，在某人左近出现了红旗招展的场面，那他也就看不见了。所以玉皇大帝的身边虽然有千里眼、顺风耳这样具有特殊神通的大神，也还是需要夸父这样脚力特好的大神去担负信息传递方面的工作。

夸父之所以擅长奔跑，是因为他生具异禀，他天生得头小颈长，腹短腿修，肌肉虬结，筋骨外露。少年之时，他曾与同村少年比赛爬山。那一天正赶上炎帝闲来无事，也到爬山现场去看热闹，围观的众人见炎帝亲自到场观看比赛，就恭请他老人家做发令官，那时候人类还没有发明发令枪，即使是铜器也还没有发明出来。炎帝就在身边采了一支粗大的竹子，找了一根枯木棒，约定以敲竹为号作为出发之令。夸父与所有参加爬山比赛的少年，齐刷刷站在规定的起跑线之后，只见炎帝高举木棒猛然下击，只听咚的一声发出了起跑的命令。夸父率先冲出起跑线，只见他登岩越涧如履平地，疾如奔马，不一会儿就冲上了山顶。他到达山顶往下一看，那些与他比赛爬山的少年所达之处，尚不足山脚到山顶路长的十分之一。从此炎帝发现了他这个八世孙的特殊才能，此后凡有传递信息，需长途奔跑之事，炎帝多让夸父去做，夸父善跑也在人类各部落中传为美谈。

一晃，夸父已到成年，青年时期的夸父自负身怀绝技，不免眼高于顶，周围的人皆不在他眼下。与人交往，常现洋洋自得之态；谈起天下之事，往往浪言没有什么不可办到的；如遇庸碌之辈，则又常常出言讥诮。长此以往，不免得罪了一些心胸狭窄之人。其中有一人名叫饕餮，其人极善烹饪，但最是心胸狭窄，睚眦必报。

一日，饕餮纠集几个曾被夸父讥诮过的人聚而为谋，设计要出一次夸父的洋相。为了让夸父看不出他们是有意设计羞辱于他，饕餮拿出自己的看家本领，刻意精心做了几样可口小菜，请夸父赴宴。夸父是个直肠直肚之人，不知有诈，一请即欣然赴席。几杯老酒下肚，几个人都喝得酒酣耳热，饕餮即按预定之谋拿话往上引。他说："说起来天下之事做起来有难有易，但难做之事也并非就没人做到，天下尽有些能人把那些难做之事都般般件件地做了出来，但只有一件事自古至今没有做到，恐怕今后也永远没人做到了。"夸父一听，又激起了满腔豪情，急忙问道："但不知那是一件什么事，我就不信我做不到。"饕餮回答道："此事做来极难，要做成此事几乎没有可能，不说也罢！"夸父听罢大怒道："你怎能如此轻视于我，快快说将出来，我即刻去办。"饕餮这才慢条斯理地说："夸父老兄莫急，我所说的这件事就是到太阳里去看看，那里究竟是什么样子，为什么会发出那么强烈的光。"谁知夸父听后非但没有恼怒，竟然双手拢袖向饕餮深深一揖道："亏得你老兄竟然有这般头脑，此前多有冒犯，尚请恕罪。"听了夸父这句言语，饕餮不由得大喜，心想："你终于承认世上还有你办不到的事了。"正想趁此讥讽夸父一番，把他大大羞辱一下。谁知夸父接着所说的话，却使他大吃一惊，张开的嘴再也合拢不起来了。至今饕餮的嘴还总是张着，吃东西只会吞咽不会咀嚼。夸父所说的是这样一句话："兄弟就此告别，一定追上太阳到太阳里看看，回来时也好将所见所闻讲给诸位听。"在饕餮的预谋设计之中，猜想夸父听他说出到太阳里看一看这件难题之后，一定承认自己办不到这件事，闹个大红脸，从此让他永远不敢讥讽别人。谁知这个夸父竟真的要进入太阳去瞧上一瞧，而且说走就走，真的要去追赶太阳了。

　　夸父辞别饕餮，推衣而起，看准日影所在放腿疾奔，日之将落则疾奔向西，日之刚升则疾奔向东。如此往返奔波，足迹遍及东西南北，至今在我国的许多地方都留下了夸父追日的足迹：台州有座覆釜山，山上有几个巨大的脚印，这几个脚印就是夸父追日时所踏出的脚印；辰州东有三座山，鼎足而立，直插云天，夸父追日时在此煮饭，此三山就是当时夸父煮饭时用以支鼎的石头；振履堆据说也是夸父追日时振履于此，因此才叫做振履堆；唐朝时昊天观有位道士会用易经之理算卦，他经过推算后对太乙元君说："古老相传都说是沉香劈山救母，才把华山劈开，实际上是夸父追日时，夸父追至山下，眼见太阳就停留在华山之上，谁知当他登上华山极顶，那太阳又升高远去，一怒之下，他力劈华山。"等等，可以说在我们中华大地，夸父追日时所留下的遗迹着实不少。那夸父为追太阳，日夜奔波，终因体力不支，不得不在路旁砍断一株参天巨树以做拐杖，支撑着身体而行。这一日他奔到渭河岸边，忽感口渴，他俯身就渭河饮水，谁知渭河之水被他喝干之后，尚不足以解渴。于是他又往北疾行，准备去大泽喝水止渴。但是还没有奔行到大泽，就因口渴过度而死。大泽在今雁门关北去百里之地，夸父就渴死在雁门关和大泽之间的路上。他死后，拐杖被抛弃在他尸身之旁，他之尸身的肌肉膏脂流入大地，化而为肥沃的土壤，那支拐杖在此肥沃之土壤的浸润下，化而为一片森林，号为邓林。

夸父死了，但他一灵不灭，飘飘荡荡御风而行，这一日来到昆仑山上，向当时作为天神的太上老君诉说了他逐日不遂而暴尸荒野的惨烈经过。太上老君怜念他是忠厚的刚烈汉子，用凝虚成形的神功，将他的三魂六魄凝聚在一起，让他成为了一个有形无质的散仙。所谓有形无质就是看上去他和生前没有什么两样，而如若去触摸他，却完全触摸不到他有身体的存在。自此之后，由于他有形无质，更加身轻似云如雾，从而也使得他可以飘飘荡荡毫不费力地腾空而起，最后他终于飘到天空踏上了太阳，到了太阳之上，他才发现：那太阳之精原来是个三条腿的巨大无比的乌鸦。那乌鸦两眼如焰喷射出灼热无比的无情之火，火光笼罩着全身的黑色，那无情之火呈银白之光，黑白相衬，远观犹如一片金黄。这只三足乌鸦原本为盘古左眼所化，当其化为太阳之时，由于盘古已逝，再无力将它掷向天空，只得自己化为乌鸦飞上天空。共工触折不周山之时，它本已落地，女娲补天之时又把它赶回天空。夸父被玉皇大帝任命为三界总领邮政大神之时，是一个有形无质的形貌。只因有形无质，他的行动才那么快捷便当。在夸父当上了三界总领邮政大神之后，他痛感若完成三界信息传递之重任，仅有他和千里眼、顺风耳两位副手去完成这么艰巨的任务是远远不够的。于是他向玉皇大帝提议：在天上、人间、幽冥三界遍设驿站，使信息传递到处都有负责之神、人、鬼。驿站初设之时兼有旅馆和邮局两项功能，后来逐渐把旅馆功能分化出去，另设饭店以方便往来游客，而邮局则专司信息传递之职能了。由驿站而邮局代代相传，直至如今。

　　夸父追日表现了华夏先祖勇于追求、不惜生命代价的品格，这正是中华民族得以生生不息、兴旺发达的精神支柱。

大禹治水利天下

传说禹是从父亲鲧尸体的肚子里生出来的，出生后立刻化作一条金鳞闪闪的虬龙，腾空而起。他向天帝请求，让他继承父亲的伟大事业，到下方去平息为害多年的洪水，把人民从苦海中解救出来。天帝见他人高马大，意志坚强，智慧出众，具有非凡的能耐，便很痛快地答应了禹的请求，并主动把天庭的宝物息壤赏赐给他。

虬龙禹到下方治水的事，给降下洪水的水神共工知道了，他便气不打一处来，要跟禹比试一下高低。于是他又把那洪水激发起来，一直从西边淹到东边的空桑（今山东曲阜）。

禹在开工治水之前，先在会稽山（今浙江绍兴）召开了一次群神大会。开会时，大家都到齐了，只有防风氏落后。禹为了严明纪律，就把他处死了，以向持怀疑、观望态度的人，表明自己治水的决心。

关于杀防风氏的事，还有一段趣闻。

据传，因为防风氏身材特别高大，足有三丈多，所有高个子的刽子手都够不着他的脖子，于是便叫民夫修起一道高高的塘坝，行刑时让防风氏站在塘坝下面，刽子手站在塘坝上面，用最锋利的大刀，才把防风氏的脑袋砍了下来。防风氏死后，就埋在会稽山上。据说，防风氏的一节大骨头，要用整整一辆大车才装得下。

　　禹在治水前，先亲自到各地做了一番实地勘察，摸清了洪水为害的情况。认识到，父亲鲧之所以失败，是因为他只采取堙障的方法，而不是用息壤来修筑堤坝拦截洪水。可是水性就下，从高处往低处流，越积越高，堤坝就被冲决口了。禹吸取父亲的教训，采取以疏导为主，堙障为辅的方法。他叫那条长着双翼的应龙走在前面，拿它的尾巴画地，应龙的尾巴指向哪里，禹就在哪里开凿河川，疏导河水流向东方的大海。禹开凿的那些河川，就是我们今天的大江大河。同时，禹还让一只大乌龟把天地赐给的息壤驮在背上，跟在后面，随时把那积水的深渊填平，把人类居住的地方加高。那特意加高起来的地方，就成了我们今天四方的高山峻岭。如果洪水被高山峻岭挡住了，禹就跟众神一起劈石开山，辟出一条新的水路。

　　禹牢记父亲的遗志，时刻不忘人民的苦难，急公忘私，一连十三个年头，多次路过家门都没有进去看看。他不仅领导治水，还亲自动手干。他的手指甲磨秃了，小腿上的汗毛磨光了，半个身子不听使唤，走起路来一瘸一拐的，两脚不能相过，左脚超不过右脚，得一步步地挪，当时人们把这种步法叫做"禹步"。

　　经过了十几年的艰苦努力，禹率领人民终于治好了有名的大河三百条，支流小河三千条，更小的河流不计其数。洪水平息了，大地上又吐出一片新绿。这时，人们才从高山的洞穴里走出来，又过上了安定的生活。为此人们世世代代感激禹的恩德，歌颂禹的功绩。如《诗经》中说："洪水茫茫，禹敷下土方"、"丰水东注，维禹之绩"。意思说："当年大地上一片无边无沿的洪水，天帝派神禹到下方来把大地重新整治好，让洪水向东流人大海，这都是禹的功劳啊！"

　　据说，洪水平定后，禹就想弄清楚中华大地究竟有多长多宽。于是就命令属神太章从东头量到西头，总共是两亿三万三千五百里七十五步；又命令属神竖亥从北头量到南头，也是这么长，成为等边的四方形，禹把它划分为九州。

禹一心朴实地治理洪水，把个人的事都耽误了，一直到三十岁还没有结婚，仍然是光棍一条。当他治水走到涂山（今浙江绍兴西北）时，心想：古人二十而冠（成人加冠礼），三十必娶，我如果过了三十岁还不结婚，不是年龄太大了吗？于是就向上天祷告说："我要娶亲了，一定有什么征兆来显示吧！"果不其然，有一只九条尾巴的白狐狸，摇摆着毛茸茸的大尾巴来到他的跟前。当地流传的民谣说，谁见到九尾白狐，谁就能当国王；谁娶了涂山的女儿，谁家就能兴旺发达。

涂山有个姑娘，名叫女娇，容貌美丽，仪态万方。禹一见到她就相中了，想娶她做妻子，而女娇也看上了这位治水英雄。可是禹治水太忙，还没来得及互表心曲，就又到南方视察灾情去了。女娇很惦念禹，便打发一个使女到涂山南麓去等禹回来。可是一连好几天，也没见到禹的影子，女娇心急火燎，便顺口作了一首歌，唱了起来：

等候人啊，多么的长久啊！

据说这是南国最早的一首诗歌。

禹终于从南方回来了。两人互表了爱意，不久就在台桑这个地方举行了婚礼。

婚后只住了四天，禹便离开了新婚燕尔的妻子，又忙着到别处治水去了。女娇被送到禹的都城安邑去，但她是南方人，在山西这个地方住不惯，常常想念故乡涂山。禹为了安慰他的新婚夫人，便派人在安邑城南为她修了一座高台，让她在寂寞的时候，登台看看她远在他方的家乡。据说，现在城南门外还存留着那座望乡台的台基。

时间长了，女娇总觉得日子过得太孤独了，同时也想为禹治水出把力，便要求跟丈夫在一起，不离左右，禹一想也对，就满口答应了。

有一次，禹治水来到了轘辕山（今河南偃师东南）。这座山山势险峻，只有打通它，洪水才能宣泄下去。禹对妻子说："开凿这座大山真不容易，我得努力奋战。我在山崖边上挂起一面鼓，听见鼓声就来送饭吧，省得来回跑耽误时间。"女娇点头答应了。妻子走后，禹就摇身一变化作一头毛茸茸的大黄熊，拼命地用嘴拱，用爪子挠，当他使劲往外扒石头时，几块石头蹦起来，不偏不倚正好打在山旁挂着的鼓上。女娇听见鼓声，误以为是大禹叫她送饭去，就急急忙忙地拎上饭篮子来到轘辕山，这时大禹还不知道石头敲打在鼓上，也不知道妻子已送饭来了，还在那撅着屁股使劲拱呢。女娇一看，吓得目瞪口呆，她根本没想到丈夫原来是一头大黄熊。女娇羞愧万分，大叫一声，扔了饭篮子撒腿就跑。这时大禹才发觉妻子来了，就赶忙去追，慌忙之中忘了恢复原形，女娇心里更害怕，拼命地跑。一直跑到河南登封县北面的嵩山脚下，女娇实在跑不动了，竟变成一块坚硬的石头。大禹上气不接下气地追上来，一见妻子变成了石头，心里非常不是滋味，又怕她肚里怀的孩子也变成石头，就情不自禁地大声朝着石头喊："还我的孩子啊！"说也怪，这石头还真的"咔嚓"一声，在北面裂了一道大缝，生下了大禹的儿子。因为是石头裂开而生的，大禹便给儿子起名叫"启"。"启"就是开裂的意思。这石头里生出的儿子果然不同凡响，大禹不再将帝位禅让给别人，而是直接传给儿子启。从此中国开始了父传子的家天下，正式步入了阶级社会。

大禹治水展示了中华先祖公而忘私的远古美德和按事物规律办事的智慧，至今仍有着重要的现实意义。

汤捕鸟网开三面

夏朝末年的国王夏桀，荒淫残暴，整日吃喝玩乐，恣意搜刮老百姓的钱财，又连年征战，并用残酷的刑罚镇压人民的反抗，人民处于水深火热之中，都希望夏桀早一天死去。

谁能带领人民来推翻夏桀的统治呢？商汤勇敢地担起了这重任。

商族是居住在我国北方的一支古老的民族，汤是商族始祖的第 14 代孙。目睹夏桀日益失去民心，商族的势力又一天天地强大，汤便决心从北方南下，推翻夏王朝，救人民于水火。

商汤是一位仁慈善良、爱惜百姓的首领。他深知，要推翻夏桀的政权，不能单靠武力，首先要争取民心，使天下的百姓都乐意归附，天下的有才能者都能辅佐他。

一天，汤到郊外出游，看见一个人从四面架起网，然后，便向天祷告说："愿来自天下四方的飞鸟，都落入我的网中！"

这时，正在天空自由自在飞行的小鸟们，不知不觉进入捕鸟人的网中，左冲右突，怎么也冲不出去，不时发出"啾，啾……"的哀婉啼叫。

汤看到这种情景，心里很有感触，便上前对捕鸟的人说："喂！你这样捕鸟，是会把天下的飞鸟都捕尽的。"汤命令手下的人撤去三面网，只留下一面网，然后向上天祷告说：

"想从左面飞去的鸟，就从左面飞走吧！想从右面飞去的鸟，就从右面飞走吧！那些乱飞的鸟，只好进入我的网中了。"

商汤网开三面的故事，很快便在夏桀统治下的各国传开了，人们都说："汤的德行太高尚，连对禽兽都有一副仁慈的心肠，更何况对于百姓！"

从此，各诸侯国的人都企盼商汤能够早日成为自己的君王。

不久，商汤起兵征讨夏桀，锋芒直指葛国。葛国是汤的邻国，国君很放荡，甚至不祭祀祖先。汤知道后派人责问葛国国君："你为什么不祭祀祖先？"

葛国国君葛伯回答说："没有祭祀用的牛羊啊。"汤便派人送去牛羊，可葛伯却把牛羊宰杀吃肉，还是不祭祀先祖。汤又派人问道："你为什么还不祭祀？"

葛伯说："没有祭祀用的粟米。"汤又派民众前往葛国为葛伯种田，还向老人和小孩赠送食物。这时，葛伯率人乘机抢夺酒食粟米，谁不给就把谁杀掉。有一个孩子得到赠给的米肉，也被杀死。

商汤出兵讨伐葛伯，在当时影响很大，各诸侯国的人都说："商汤讨伐葛伯，不是为了有一天能够富有天下，而是为百姓报仇。"

商汤讨伐葛伯得到了各国人民的拥护，这为他推翻夏桀的正义战争开创了十分有利的形势。商汤从起兵伐葛到最终推翻夏桀王朝，先后共进行 11 次征战。当商汤率兵从东面征伐夏桀的时候，夏桀西面属国的人民就有怨言；从南面征伐夏桀的时候，北面的人民也有怨言。他们都说："汤为什么不先来讨伐我国的昏君，把我们排在后面？"各诸侯国人民盼望商汤的到来，就像久旱盼甘霖。

商汤的军队纪律严明，凡是商汤讨伐夏桀的军队所经过的地方，赶集的人照旧进入市场，锄草的农夫依然在田间耕作，丝毫不受惊扰。商汤讨伐暴君，慰问百姓，犹如旱季降雨，天下百姓无比喜悦。

商汤捕鸟网开三面的故事，体现出他对当时人民所遭受的苦难非常同情。他向葛国的老人和小孩赠送酒肉粟米，因为无辜的儿童被杀害而讨伐葛国，这使他赢得了民心。因此，他的军队所向无敌，终于推翻了夏桀的残暴统治，建立了商王朝。

愚公移山意志坚

太行和王屋两座大山，方圆七百里，有万丈之高，本来是在冀州（河北的别称）的南部，河阳（今河南省孟县西）的北部。

北山有个叫"愚公"的老头儿，年纪快到 90 岁了，他家的门口正对着太行、王屋这两座大山。大山挡住了他家的通路，进来出去都要绕着道走，别扭死了，于是愚公便召集全家人一起商量，他说："我和你们竭尽全力去挖平这两座高山，开出一条通往豫（河南的别称）南的路，一直达到汉水（在今湖北）以南，你们说好不好？"大家异口同声地表示赞成，说："那当然好了。"只有她的老婆表示怀疑，说："靠你们这点力气，恐怕连魁父那样的小山包都搬不动，更别提太行、王屋这两座大山了。更何况挖出的泥土和石块又往哪儿放呢？"

大家说："把土石挑到隐土以北、渤海边上一倒不就得了。"于是愚公带领他的儿子和孙子，三个人挑着担子，将挖出的泥土和石块挑到渤海海边去倒掉。邻居京城氏的寡妇，有个儿子才七八岁，刚到换牙的年龄，也蹦蹦跳跳地来帮着忙活。他们这样用肩膀挑，从冬到夏只能往返一个来回。

愚公的老朋友河曲（古地名，在今山西省西南，黄河从北向南而曲折向东的地方）智叟知道了，讥笑着对他说："你怎么这么傻呢！你风烛残年，恐怕连山上的一根草也拔不动，还想搬走这么多石头土块?"愚公信心十足地说:"你这个老顽固,顽固得可以,简直连寡妇和不懂事的小孩子都不如。将来我要是死了,还有儿子在呢,儿子又会有孙子,孙子又生儿子,儿子又有孙子。子子孙孙,无穷无尽,可是那山却不会再长高了,怎么就挖不平它呢?"愚公的这席话,说得河曲智叟哑口无言,再也不说什么了。

手里经常拿着条蛇的山神,听了这话,十分害怕愚公的那种坚持不懈的精神,吓得他赶快报告上帝。上帝也被愚公的那种顽强的毅力所感动,便命令夸娥氏(力大无比的天神)的两个儿子下凡去帮助他。两个人一人背起一座大山,一座安置到朔州(今山西朔县)的东部,一座安置到雍州(今陕西北部、甘肃西北部)的西部。从此以后,从冀州的南部到汉水以南,便畅通无阻了。

愚公移山的故事一直流传至今,对我们的人生仍有着积极的启迪作用。

孔夫子韦编三绝

　　孔子（前551—前479），名丘，字仲尼，春秋时鲁国（今山东）人，是中国古代杰出的思想家和教育家。他多才多艺，学问渊博。孔子曾说自己"并非生而知之者"，他的学问都是通过刻苦钻研得来的。

　　孔子从小就死了父亲，家境贫寒，不能受到良好的教育，只好通过自修来获得知识。他从15岁起开始发愤读书，因为没有人教，在学习上碰到难题，就多方面向人请教。他问过做官的人；也问过普通人；问过白发苍苍的老人；也问过年龄不大的儿童。他说过："三人行，必有我师焉。"

　　孔子的学习兴趣很广，从不放过任何一个求知的机会，而且无论学什么，都要求个明白。他成年后，离家到各地去游历，开阔眼界，增长知识。

　　有一次，他去参加太庙里的祭祀典礼，因为是第一次参加，样样都觉得新鲜，不停地向人打听。等到祭祀完毕，他还是抓住别人的衣袖不放，非问个明白不可。别人看到他老是打破砂锅问到底，就说他是"每事问"。

　　孔子十分好学，他常说："在学习的时候，我从来不会感到厌倦。"一次，他向音乐家师襄子学弹琴，先学习一支曲子，练了十来天，他还在不停地练。师襄子催了他好几回，让他学习新的曲子，孔子都不同意。开始，他说还不懂技法，掌握技法后又说没体会出乐曲的思想意境。后来，师襄子对他说："你已经弹得很有感情了，可以学新曲子了。"而孔子却说："我还弄不清作曲家的为人呢。"

孔子年老的时候，回到家乡从事编书和讲学。虽然很忙，但他仍然坚持学习。

有一次，他得到一部《周易》。这是一本最难懂的古书，许多人都不敢去研究它。但是，孔子决心要读懂弄通。他把用竹简写成的几十斤重的《周易》抱回家去，逐字逐句仔细阅读。一遍不懂，就读第二遍，还不懂就读第三遍。这样读来读去，因为读的遍数太多了，把穿连竹木简的牛皮带子都给磨断了多次，换了多次新带子。最后，他到底把这部书读懂了，并向别人详细地介绍了这部书的内容。

因为孔子读《周易》多次翻断了牛皮带子，后来的人就把这个故事编为一句成语，叫作"韦编三绝"，以此形容勤奋学习的精神。

孔子"学而不厌"，刻苦勤奋的学习钻研精神成为后人的典范。

分享达人端木叔

卫国的端木叔，是子贡的后代。子贡是孔子的弟子，善于敛财。到了端木叔这里，他继承先人的财产，富甲一方，家产万金。

可是，端木叔的为人却不同他的先人，他不仅一点也不用心理财，反倒任意挥霍。凡是心里想要做的，他都要去做，凡是心里想要玩的，他没有不玩到的。吃、喝、嫖、赌，尽情享乐，挥金如土。

他的屋宇极尽奢侈豪华。四周耸立高大的院墙，鲜红的颜色夺人眼目，庭院之中水榭楼台，扑朔迷离，九曲八回。这其中有水池，有花圃，房屋之上，雕梁画栋，飞檐斗拱。

他吃的是山珍海味，出门乘的是豪华马车。成群的美女整天陪他取乐，他们尝试着各种各样的玩法，越奇妙越好。

看上去端木叔就如同一国的国君。

只要是他喜欢的，耳所愿听的，眼睛所想见到的，口所渴望尝到的，不管在多么偏远的地方，即使不在本国土地上出产，他也必定要搜罗来。在他的家里收藏着许多奇珍异宝，他根本就没有想到，获得这些东西是多么艰难不易，好像这些东西本来就在他家的院墙里面似的。

如果端木叔要想出门游玩，那么不管山川险阻，路途遥远，他也必定要到那里去走一遭。他也根本就没把险阻和遥远放在眼里，在他看来这不过是近在咫尺罢了。

他的家里还养着大批的宾客，数目不下百人，他们各持所长，为主人做这做那。因为人多，所以他家的厨房整天都不断烟火。这么多人聚在一起，鼓乐之声不绝于耳，每天都像是在大摆宴席。

这一切都要花钱，而且要花大量的钱，但是，端木叔是最不怕花钱的，而且他最愿意花钱，花的越多越痛快！

这不，他在奢侈之余，还要把剩下的钱白白地送给别人！他先是送给族人，接着就散给乡里，最后整个一国的人他都给到了。

到了60岁的时候，他就像发了疯似的，变本加厉地抛弃家业。他打开仓库，将里面的奇珍异宝都拿出来，分给众人，不分男女老幼，也不分贫富贵贱，见谁给谁。

还有那一大群宠爱的妻妾，他一一遣散，每人送给一大笔钱，让她们或者回家，或者嫁人，一个不留。

不出一年，家业荡尽，没给子孙留下一点财产！

后来，到他生病的时候，家中无钱给他医治。到他死的时候，连埋葬的费用也没有。

他的尸体停放在家中，子孙都愁眉苦脸，一筹莫展。

就在这时，人们闻听端木叔死去了，而且家中空空如也，无钱安葬。那些过去受到了端木叔恩惠的人，都纷纷赶来，把以前他送给的钱都还给了他的子孙。

禽骨厘听后，说道："端木叔真是个大狂人，他让他的祖先蒙受侮辱。"

段干木闻之则说："端木叔真是个旷达的人啊，他的德行远远高过他的祖先子贡。他的所作所为，看起来惊世骇俗，其实这是理之所在呀!"

> 端木叔是真正懂得占有的人。对于财物,他绝不去争夺,不去珍藏,而是放弃、给予,这就是老子所赞扬的圣人行为,"非以其无私邪,故能成其私",正由于他的无私,反而使他的私利得以成就。端木叔的归宿正应了这一道理,这就是他比他的祖先子贡高明的地方。

樊迟好学不厌倦

　　孔子一生教过三千多个学生，而得意门生只有七十几人，樊迟就是其中的一个。樊迟谦虚好学，善于独立思考，在学习中遇到什么不懂的问题就向老师请教，有时还向同学请教，而且一定要把这个问题弄懂了不可。

　　一次樊迟随着孔子闲游，来到一个祈天的祭坛底下。望着高高的祭坛，他不由问道：一个人的品德修养怎样才能积累得深厚呢？而人们的隐私怎样才能得到保护？受了私心的迷惑又怎样才能辨别呢？孔子直点头，连连夸奖他问题提得好。

　　"仁"是孔子倡导的儒家学说的核心。这个问题涵盖性强、抽象、不易理解。樊迟也为这个问题苦恼。

　　有一次，樊迟问孔子："什么是'仁'呢？"

　　孔子回答说："'仁'，就是爱抚众人。"

　　樊迟又问："那么'知'呢？"

　　孔子回答说："就是善于识别人的善恶。"

　　樊迟还是不能理解，就请老师再做进一步的解释。孔子打个比方说："从政治方面谈，如果举贤任能，任用正直的有德有才的人而不任用那些无才无德的奸邪的人，那些奸邪的人就会向正直的人学习而变成好人，这就是'知'啊！"

　　樊迟还是觉得不能深刻理解孔子话的含意。没有彻底弄通这个问题，他心里总是感到不踏实。

有一天，他见到了子夏，子夏是他的同学，在孔子的学生中是个佼佼者。樊迟在与子夏交谈的过程中，又把"知"这个问题提出来了。

他对子夏说："前几天我见到了老师，我问'知是什么意思？'老师说'如果任用正直的贤德的人而那些奸邪的人就会变得正直起来'，这是什么意思呢？"

子夏说："这方面的事例多得很呢！譬如说，舜做天子的时候，在众人之中把正直贤德的皋陶提拔起来做宰相执政；商汤做天子的时候，就把正直贤德的伊尹提拔起来做宰相执政。人们都学习他们的良好品德，结果国家治理得很好，这不就是老师说的：善于识别人的善恶吗？而善于识别人的善恶，又能任用正直贤德的人，这不就是虞舜与商汤的智慧吗？"

樊迟这才真正地明白了。

樊迟这种谦虚好学、打破砂锅问到底的精神，千古以来成为学界的佳话。

鲁班的发明创造

鲁班，春秋鲁国人，姓公输，名般。鲁班出身于工匠世家。从小就学会了许多种工艺。他一生有多种发明创造，最突出的成就是在木工方面。他发明了锯子、刨子、墨斗等木工工具，又改进创造了楼、亭、桥、塔等建筑工艺，还发明了打仗攻城的玄梯，生活中用的石磨等。

鲁班的成就是与他刻苦钻研分不开的。

一次，鲁班负责建造一座宫殿，他和徒弟带了斧头，上山去砍树。用斧子砍，又慢又累，一连砍了十几天，砍下的木头离所需还相差很远。动工的日期越来越近，他心里十分焦急。

这天晚上，鲁班踏着月光，上山去寻找木材。忽而越过山坡，忽而攀上峭壁。他在攀峭壁拨动杂草时，手臂上划了一道长长的血口子。鲁班想：野草怎么会这么厉害呢？他俯身看时，发现有一种野草，叶子长长的，边上排列着许多规则的细齿，轻轻地摸了摸，很是锋利。这时，鲁班又发现有一只蝗虫在吃草，两个大板牙一张一合，一会儿就咬断了好几根。鲁班捉起蝗虫看时，它牙齿上也有许多整齐的小齿。鲁班看了看带齿的草，又看了看蝗虫的牙齿，高兴得跳起来。

他跑下山，连夜找来铁匠，打了几个边缘带齿的铁条。用这种铁条拉树，又快又省力。只用几天的时间，木料就备齐了。这种带齿的铁条便是锯子的祖先。

　　鲁班看见古老的磨面方法，是把麦子放在臼里，用杵来捣，又费力又费工。他日夜思索，终于想出一个高效的方法：把麦粒放在两块粗糙的石头中间，来回碾动。后来又进一步改进，在两块石头吻合的一面，凿上齿纹，中心装了轴。这便是现在许多农村仍在使用的石磨。

　　　　几千年来，鲁班的名字在民间广为流传，他是中华民族勤劳和智慧的象征。鲁班刻苦钻研的精神永远值得后人学习。

扁鹊的精湛医术

扁鹊（生卒年不详）姓秦，名越人。齐国渤海郡鄚（今河北任丘市北）人。他是战国初期的名医。

扁鹊年轻的时候，曾拜长桑君为师学习医术，但他并不仅仅以师传为满足，重视实际探索，凡是都要问个为什么，他几乎读完了前人所留下来的医学著作，在东西南北各地往来行医。他一丝不苟地为病人治病，疗效很高。人们把他比做黄帝时的神医扁鹊，称他为"扁鹊先生"。

他认真地汲取了前代医家的医学经验，又根据自己多年的行医实践经验，创立了一套完整的诊断原则，即望（观气色）、闻（听声音）、问（问病情）、切（切脉理），奠定了中医治疗方法的基础。在治疗的具体方法上，扁鹊研究并熟练地掌握了当时已经得到普及与发展的砭石、针灸、按摩、汤液、熨帖、手术、吹耳、导引等方法。

扁鹊行医期间，有时去齐国，有时去赵国，他的足迹遍及今河南、河北、陕西一带。他随俗而变，根据当地人民的实际需要，有时作"带下医"（妇科），有时作"耳目痹医"（五官科），有时又作"小儿医"（小儿科），他全面而又高超的医术，受到了人们的普遍赞誉。扁鹊还很有些哲人的头脑，他提出了"六不治"原则，把骄横放荡蛮不讲理、看重财物而轻视生命列为"六不治"之首，信巫不信医也是他所认为的不治之症。这种朴素的唯物思想，对破除迷信、促进医学的发展，起了很大作用。扁鹊在处理具体病案时，往往采用多种方法兼用的综合疗法。这也是他医术高明的一个重要原因。

有一次，扁鹊外出行医路过虢国。听说虢国的太子突然死了，在扁鹊看来，这件事很可疑，因为从太子发病的症状上看，得这种病的人，不可能很快死掉。所以，他决心一定要探个究竟，便急忙向虢的王宫奔去。当扁鹊跑到宫里的时候，大家正里里外外忙碌着替太子办理后事，准备成殓下葬。扁鹊叫人向国王说明自己的来意，国王一听是医术精湛的扁鹊先生来了，就欣然同意了。扁鹊来到太子身边，进行各方面的观察，他发现太子虽然没有呼吸了，但两腿内侧还有余温。便当机立断地说："国王陛下，恕我狂妄，据我观察，太子并不是真死，而是一种'尸蹶病'，陛下可放宽心，太子还有治好的希望。"国王一听，欣喜而又急切地请求扁鹊赶快给太子治疗。于是扁鹊大胆地在各个穴位上给太子针灸，不一会儿，太子就面色潮红，有了微弱的呼吸，接着他又为太子熨帖，太子的呼吸由弱变强了，随后他又给太子灌了一些汤液，没到一顿饭的工夫，太子的身体动起来了，又过了没多久，太子睁开眼睛，挣扎着坐了起来。太子果然又活了过来，国王异常惊喜，再三向扁鹊道谢。大臣和百姓们相互传颂着名医扁鹊使太子起死回生的消息。扁鹊见太子一切正常，没有什么危险了，就留下药方走了，太子服了20天的汤药，完全恢复了健康。

后来扁鹊行医到了秦国，秦国的太医令李醯对他很嫉恨，害怕医术比自己高明的扁鹊的到来，会危及自己的地位，于是，千方百计派人加害扁鹊；扁鹊心底无私，只知专心为病人治病，力求解除病人的痛苦，哪里会晓得这些阴险毒辣的内幕，扁鹊终于被李醯害死了。

扁鹊通过学习、实践，不断探索，掌握了渊博的医学知识和高超的医术，因此在行医过程中才会表现出起死回生的精湛技艺。他创立的望、闻、问、切这一套诊断原则和方法直到今天还沿用着，他成为历史上具有传奇色彩的人物。殊不知，构成传奇的背后有多少奋斗和探索的艰辛！

孙膑身残志更坚

　　孙膑是战国时期齐国人，出生在阿（今山东阳谷东）鄄（今河南范县西南）之间，生卒年代不详，大约生活在公元前380年至公元前320年左右，主要活动于齐威王时期。他是春秋末期军事家孙武的后世子孙，中国历史上一位杰出的军事学家。

　　孙膑少年孤苦，毅力非凡，才智过人。为使国家免遭战乱之苦，他亲自到深山拜自号鬼谷子的王栩先生为师，学习兵法。

　　孙膑学习异常刻苦，勤奋向上。他尊敬先生，勤学好问，成绩优异，为学生之冠，深得师生的爱戴。先生传授《孙子兵法》13篇，他专心致志，废寝忘食，日夜苦读，所见之书，一阅即能诵忆。对先生每次提出的问题，他都是对答如流，一字不漏，并有自己独到的见地。

　　有一次，先生讲"谋攻篇"，说："用兵之上策是挫败敌人的战略方针（伐谋），其次是挫败敌人的外交（伐交），再次是挫败敌人的军队（伐军），下策是挫败敌人的城池（攻城）。"孙膑毕恭毕敬地站起来说："这是对的，先生。但我认为攻城不一定是下策，要据情而用之。"先生连连摆手称赞说："好，好，好！孙武后继有人哪！"另外，古代兵书非常重视"速决战"，而孙膑却提出持久战的主张。这些观点，都被日后他所指挥的"围魏救赵"和"马陵伏击"等优秀战例所佐证。这些战法，一直为后世军事家所赞赏和借鉴。

孙膑的一生，经历了坎坷不平的道路。当年，与他一起学习兵法的同学叫庞涓，两人相处和睦，如亲兄弟。孙膑常帮助庞涓学习，庞涓十分感激，曾发誓说：今后我一旦受宠，一定在当权者面前保举你，兄弟之间不相忘。后来庞涓到了魏国，替魏惠王东征西战，深受重用，任命他为魏军的统帅。庞涓得志后忘恩负义。心想：我虽当上了魏国的统帅，但孙膑的品德和学识远远超过我，有他在，一定会威胁到我的声誉和地位。便施以毒计，暗地里派人把孙膑请到魏国，花言巧语，欺骗孙膑为之写兵书。诡计败露后，反诬陷孙膑犯法，用酷刑割去他的双膝骨，使之残废，并在脸上刺了字，企图使他埋没人世、不为人知。后来，有一齐国使者把孙膑藏在车座下，秘密救回齐国。

回国后，孙膑凭着一颗赤诚的爱国之心，为祖国尽心尽力。先后协助齐威王和田忌大将两次打败魏国，屡建战功，威震四方，名显天下。齐威王给孙膑加官晋爵，孙膑面对褒奖和赏赐不仅不受，反而请求辞去军师职务，找个清静的地方，过着隐居的生活，决心攻著兵书，为后人造福。

孙膑撰著兵书的毅力十分惊人。他常常是在弟子的协助下，通宵达旦地搜集、查阅、研究大量的历史资料，并忍受着酷刑残疾给自己带来的剧痛，潜心琢磨，演练推敲。他的几位学生曾与他同住，见先生如此刻苦，深受感动。学生硬劝他休息，而且轮流监护先生。尽管这样，也时常听到孙膑在梦中喊声，这仗打得好，把它写进去！有时他叫喊而醒，秉烛而起，伏床写作到天明……

孙膑治学态度严谨，刻苦撰著的《孙膑兵法》，既吸取了前辈军事思想的精华，又不被束缚，在《孙子兵法》的基础上有创新和发展。他的战前做好充分准备，重视城邑的攻取；战争中重视人的作用，坚持严格的军事训练等方面的军事思想，都值得后人借鉴和学习。

《孙膑兵法》是一部继《孙子兵法》之后中国军事遗产宝库中的又一颗璀璨的明珠，是中华民族对世界文化的伟大贡献。孙膑身残志坚、刻苦勤学、著书立说的精神，像《孙膑兵法》一样，流芳百世。

李冰修筑都江堰

　　李冰是战国末期的水利家。他为官时期，主持兴修了中国古代著名的水利工程——都江堰。

　　李冰自幼刻苦好学，而且善于观察，重视实践经验。立志为百姓做些有益的事情。后来成了精通天文地理、知识渊博、远近闻名的人物。虽然不是什么官长，但百姓却很尊敬他，因为他用自己掌握的知识为百姓做了许多有益的事情。

　　秦昭王听说李冰才华出众，是个能人，老百姓都亲附他，便让李冰做了蜀郡郡守。秦昭王还经常向他询问如何治理百姓、富强国家的方针策略。对此，李冰提出了许多有益的建议，深得秦昭王的欢心，也因此被那些极力巴结逢迎、企求高位的官员们所嫉妒，他们伺机加害李冰。

　　李冰认为作为一郡之守，就要对郡内百姓负责，要使他们的衣食得到保障，否则，治理百姓只能是一句空话，或者是暴政役民。因此，他一到任上，就深入下层百姓中间，访察民情，对利害情况做到心中有数，以便兴利除弊，造福百姓。当时蜀郡经常发生水旱灾害，遇到灾荒年景，庄稼颗粒无收，百姓嗷嗷待哺，只得以草根、树叶充饥。

　　李冰认识到治理水旱灾害是一项重要的亟待解决的问题，便带领一些人对蜀郡全境进行了认真的实地勘查，摸清了导致水旱灾害的原因。原来岷江上游流经地势陡峻的万山丛中，水势很急，一到成都平原，水速突然减慢，江水从上游挟带的大量泥沙和岩石便在平原地区淤积下来，淤塞了河道，使河道底部升高，河床变浅。每当雨季到来时，岷江和其他支流水势骤涨，在下游平原地带造成水灾；雨水不足时，江水水量变小，而且都渗入淤积的泥土沙石中，靠江而难得水源，造成干旱。

李冰想兴建一项既能排涝又能防旱的水利工程，他把建议提出来，征求同僚们的意见。同僚们有的赞同，有的迟疑，有的反对。那些犹豫的人认为，在二三百年以前，古蜀国杜宇王以开明为相，在岷江出山处开出一条人工河流，分岷江水流入沱江，想要勉除水害，可事倍功半，收效甚微。人工河开出后，水害还是年复一年地发生。自那以后，再没有人提出治理水患的问题，如今要建一项既防涝又防旱的水利工程，有多大把握？能行吗？

反对兴建的人不是尸位素餐之徒，就是平时嫉妒李冰的人，他们说李冰此举不过是沽名钓誉，最终结果只能是劳民伤财。他们还串通朝廷里的同党阻止李冰这个计划，并趁机加害李冰，诬告李冰笼络贱民，图谋不轨。由于坏人的诬告，加之秦昭王谋求霸业，未把此事放在心上，在李冰再三请示下，秦昭王才勉强答应，并没有给拨多少物力、财力。

修建这样大的水利工程，在财力、物力匮乏的情况下，是相当困难的。但李冰没有灰心，他首先在前人治水经验的基础上，经过反复的研究、分析，制定了一整套方案，接着他依据当地的条件，筹备了一些人力、物力，随后带领老百姓干起来。

李冰采取中流作堰的办法，想在岷江峡内用石块砌成石堰，使江水分流。在湍急的江水中立堰是十分困难的，多少次立起的石堰都被激流冲塌了。但李冰没有在失败中丧失信心，他每一次失败后，都认真总结经验，自己把握不定时，就向老农、渔夫询问。最后，硬是在湍急的岷江中立起了石堰，使岷江分流。这个分水的建筑工程石堰，就是江鱼嘴。它把江水一分为二。东边的叫内江，供灌溉渠用水；西边的叫外江，是岷江的正流。

分水工程建成后，李冰又带领百姓在灌县附近的岷江南岸筑了离碓，离碓就是开凿岩石后被隔开的石堆，夹在内外江之间。离碓的东侧是内江水口，称宝瓶口，具有节制水流的功用。夏季岷江江水上涨，将江鱼嘴淹没了，离碓就成了第二道分水处。内江自宝瓶口以下进入密布于川西平原上的灌溉渠道，干旱时，就把水引进去灌溉，雨季水多就关闭水门。

都江堰建成后，保证了大约三百万亩良田的灌溉，使成都平原成了旱涝保收的"天府之国"。

在科学技术很不发达的两千多年前的战国时代，在受到种种阻挠和人力、物力、财力极其有限的条件下，能建成都江堰这个具有防洪、灌溉、航运等多种功能的综合水利工程，无疑是伟大的壮举。应该说，它是以李冰为首的许多人智慧和汗水的结晶。至今，"天府之国"的儿女仍然感受着它的恩赐。都江堰铭刻着李冰这个杰出人物的名字，也昭示了中华民族求索攻坚的优良传统。

淳于意酷爱医术

　　淳于意（约前205—?），姓淳于，名意。齐国临淄（今山东临淄）人，曾任齐国主管国家仓库的"太仓长"，所以人们都称他为"太仓公"或"仓公"。他是西汉时期著名的医学家。

　　淳于意从小爱好医学，曾拜名医公孙光为师。对公孙光所传授的医药知识，他总是认真牢记，反复咀嚼回味，思考其中的道理。遇到疑难问题，常常是打破砂锅问到底，不弄个水落石出，绝不罢休。淳于意的求知欲是很强的，他不满已学到的医学知识。

　　有一天，淳于意又请老师公孙光讲授"精方"，公孙光为难地说："我的本事全都教给你了，还是满足不了你的要求啊！我已经年迈力衰，丝毫也不想留一手，教给你的是我年轻时从老师那里得来的全部秘方，既然统统教给了你，可不要随便泄露给别人啊！"淳于意听了连连作揖称谢，表示一定遵循老师的教诲。

　　过了些日子，师生又在一起谈论医学问题，淳于意发表了很多极其精辟的见解，公孙光大为赞赏，并说淳于意将来必定会成为全国第一流的医家。公孙光想到淳于意是个不故步自封、勇于求索的人，就对淳于意说："我有许多同行朋友，彼此都疏远了。只有一名同乡，名叫公乘阳庆，十分精通医方。我在中年时，曾多次想去拜他为师，但始终没有去成。现在我想把你推荐给他。"

淳于意想到医学家学派纵横，各有绝招，能继续从师学习，也是增进自己医学知识的一个途径，听了老师的话异常高兴，日夜盼望着去拜见公乘阳庆。恰好有一天，阳庆的儿子名叫殷的因给齐王献马来找公孙光，公孙光便介绍淳于意同殷认识了，并说了许多请托的话，还亲笔写了一封推荐信。这样，淳于意才得到拜见公乘阳庆的机会。

那时，公乘阳庆已是70多岁的老人了，尽管医术高明，却不肯轻易给人看病，更不肯接收学徒，连自己的儿孙也不传授。由于淳于意态度虔诚，虚心恳求，对老师很尊敬，使公乘阳庆深受感动，便破例收他为徒。公乘阳庆对淳于意说："首先要把你原来那些无用的医方书去掉，我有很多古时候流传下来的医方书，如黄帝、扁鹊的脉书，根据五色诊断人的病症及病情、知晓病人是生还是死及药论等书，都很精粹。我家中富有，心里很喜欢你，想把我的全部秘方都传授给你。"

淳于意听了十分感激，当即表示要刻苦学习，不断提高医术来报答老师。公乘阳庆给他讲授了《脉书上下经》、《五色诊》、《奇咳术》、《揆度阴阳外变》、《药论》等专著。名师出高徒，淳于意跟从老师学习一年后，理论水平大为提高；到了第二年，临床疗效更加显著；学满三年，就达到了"诊病决死生，有验，精良"的地步。淳于意还清楚地认识到，从师增知识，实践练技能。

除了从师学习外，一有闲暇，就外出诊病，一则检验自己的知识，二则培养和锻炼自己的技能。从此，登门求淳于意诊治的人络绎不绝。

淳于意喜欢自在地行医，为百姓解除病痛之苦，不愿做官。他认为，被人豢养，专门为官僚服务，不仅不能很好地为更多的人诊病去疾，而且还堵塞了自己继续上进、提高医术的道路。因为民间天地广大，有更多的病人，并且蕴藏着取之不尽的治病秘方，对于这广阔的天地，近之则精深，远之则平庸。当时，赵王、胶西王、济南王、吴王等人，屡次派人召他，淳于意就是不去。后来他干脆改名换姓，到处行游，来往于各个诸侯国之间。这样就触犯了这些权贵的尊严，得罪了这些权贵，他们怀恨在心，伺机报复。

文帝四年（前176），有人罗织种种罪名，向朝廷控告淳于意。朝廷派来公差，准备将淳于意逮捕解往长安（今陕西西安）。淳于意没有儿子，只有5个女儿，最小的女儿淳于缇萦，很有志气，决定要跟从父亲一道去国都长安申辩。到长安后，她勇敢机智地冲破重重阻力，直接上书给汉文帝，恳切地记述了父亲所蒙受的不白之冤。她在书中说明，父亲在齐国做太仓长时，老百姓称赞他廉洁公平，现在做了医生，精通医术，百姓很需要他。如果枉遭刑杀，就将给老百姓造成巨大损失。况且人死不能复生，即使想要改过自新也不可能了，因此恳求，只要能赎出她父亲，她愿在宫廷为奴婢。

汉文帝读了淳于缇萦的申诉后，颇为她的笃实精诚所感动，当即释放了淳于意，并决定废除割鼻子、断脚趾等肉刑。随后，汉文帝又召见了淳于意，一面了解他学医的经历，一面又详细询问他给患者治病的各种细节和具体疗效。淳于意一一做了回答，并且着重叙述了25个病人的"诊籍"。即把25个病人的姓名、性别、年龄及就诊时间、病因、病理、诊断、治疗等多方面的情况，如实地记录下来。这也就是中国最早的医案。

由于淳于意不断地学习、实践和探索，练就了一手高超的医疗技术，他精通望、闻、问、切四诊和脉学，为很多病人解除了痛苦。他能通过对病人脸色的观察，判定病人或生或死。

有一次，淳于意在齐国碰见一个奴仆，通过仔细观察，发现其脸色异常，便对别人说："这个人是伤了脾气，待到来年春天，必定胸膈梗死，不能饮食，到了夏季就会吐血而死！"当时那奴仆没有丝毫痛苦的感觉，人们也不以为然，但到了第二年春天果然发病，到了夏初就吐血死去了。

还有一次，淳于意到齐王黄姬的兄长黄长卿家去做客，发现王后之弟宋建的脸色不同寻常，便说："您有病，四五天之前，一定腰肋疼痛，不能俯仰吧，看样子小便也不通利，如不急治，势必会转成肾痹症。"宋建回答说："不错，的确如此。那是四五天以前，天气阴沉，有许多朋友来我家做客，看到仓库门口有一块方石，大家就抓举比试力气，我也赶去凑热闹，刚把石头抓住，却举不起来，很快便撂下了。到了晚上，腰脊剧痛起来，而且解不下小便，直到今天还没好呢！"淳于意说："这就对了，从颜色来看是伤了腰肾，这是由于好持重的缘故。"于是开方"柔汤"给宋建服下，他很快就好了。不仅如此，淳于意也可以通过看脉象，判定病人的生死。齐国有个人头痛剧烈，难以忍受，淳于意切脉后，便直言不讳地告诉病人的弟弟说："这是一种内疽，发生在肠胃之间，过四五日而痈肿，七八天后将吐血而死。"病人果然七八天后死去。原来这个病人嗜酒成癖，性生活又不节制，使内脏受到损伤，脉象反映出了病人患的是不治之症。

淳于意不知疲倦地追求探索，成为一代以望诊和切脉著称，兼通内、外、妇、儿、针灸、五官各科的多面手式的著名医家。

路温舒痴迷练字

路温舒，字长君，西汉巨鹿东里人，父亲在村子里做一个监门小吏，家里生活贫困。贫困的生活锻炼了他。路温舒少年时代就非常爱学习，但那时候不用说像他这样的穷孩子，就是一个能糊口的家庭，出个读书人也很不容易。路温舒连饭都吃不饱，哪有钱买书本呢？到学堂念书简直像做梦一样。

路温舒一心一意要成为一个有学问的人，上不起学，他就每天给别人家放羊回来后向读书人学识字。几年后，日积月累，也认识了不少字。

路温舒越学习，求知的欲望越强。他每天到田野里放羊，看见别人家的孩子进学堂读书就很羡慕。常常想，"我上不了学堂，如果能一边放羊，一边读书也行啊，可是书也买不起呀！"那时的书，是把字刻在竹简或木片上，或者用墨写在上面，用绳子穿连起来，称作竹简书，非常笨重，一篇文章要刻写好几捆，没有三天五天工夫是办不到的。还有帛书，像路温舒这样连帛做的衣服都穿不上，哪有钱买帛抄书？他只能一边放羊，一边回忆背诵读过的书。

世上无难事，只怕有心人。路温舒虽然买不起书，但他没有忘记读书，他连睡觉时也想着读书，他想，为什么不向人家借点书读呢？于是，他就向有书的人家去借，今天借，明天还，后天再借，如此频繁借还，一年过去了，他读到了许多有益的书。

书读得多了，越感到读书的乐趣，他好像沙漠中的一个跋涉者，遇到一眼清水井，不喝便罢，越喝越觉得井水甘甜。路温舒读了一年以后，眼界开阔多了，书中的知识像草尖上闪亮的露水那样新鲜，那么具有诱惑力，他简直爱书爱得形影不离了。

这天，路温舒在放羊的草滩上，让羊儿自由自在地啃草，自己背诵读过的书，他背诵得如流水一样顺畅。可是背着背着，有一个句子想不起来了。为了这句话，他不得不登门去向人家借书查看，当他查到这个句子的时候，又向主人索笔求墨，把这个遗忘的句子写在自己的袖襟上，主人看到路温舒那么酷爱读书很受感动，干脆把这本书赠送给了他。他常常以袖襟自勉自励：温舒，你要每天读书不断啊！免得遗忘名句箴言，枉自惭愧。

春暖花开，又是一年。路温舒挥动着柳条儿驱赶着羊群往前走，不小心脚踩在泥坑里，他也不在意，坚持背诵着刚刚学过的新书，他把羊儿赶到溪水畔的绿野之中，便坐在草窝里，用柳条当笔，用地当纸写起字来。

也许是小温舒的真诚感动了大自然吧，一个读书的新契机或者说是"奇迹"在这平凡的草滩上出现了。

那是一个夏天的上午，路温舒一边朝前赶着心爱的羊群，一边背诵着他学过的诗文，风赐给他和他的羊群以凉爽，太阳照在他红红的脸庞儿上，他不知不觉地把雪白的羊群赶到一片"圣地"，这是个什么样的地方呀？他从来没有来过。在路温舒的眼前，呈现出层层叠叠的绿影，一个方圆十顷八顷的池塘。哎呀！这走到哪里来啦？他如梦方醒，悔恨只顾背书走错了路，但定睛一看，转忧为喜，他发现这是一个幽美的地方，不禁赞叹道：在这样的地方读书一定是赏心悦目，安宁易学，多幸福自由啊！

"呱呱呱，呱呱呱……"池塘中的青蛙像为他奏着夏曲，他向池边走去，忽然看见那里长着茂盛的蒲草，蒲草叶又宽又长，有大人的巴掌宽，阳光照在上面浮着绿莹莹的光，真招人喜爱。他心头一亮，啊！用它写字不是和竹简、丝帛一样吗？用蒲草做成书本不用花钱又轻便，放羊时可以带着学习。于是他挽起裤脚到蒲草丛里弯着腰用劲地拔。不一会儿，拔下来的蒲草叶子已经在岸坡上排了长长的三行了。路温舒上了岸，把晒蔫的蒲草捆成一大捆。到家后，他立刻动手，用剪刀把蒲草裁成有棱有角一张一张的叶片，找一块光面石头把它们压得整整齐齐的，再用绳子一片一片穿起来，真像一本本厚厚的书。他从邻居家借来书，把文章一段一段地抄写在蒲草叶上。就这样，他做成了不知多少本"蒲草书"，没有多久，他的屋里变成了蒲草的书山，他在自己开拓的书屋里，如羊儿吃草，如鱼儿游水一样，畅快地读起"蒲草书"来了。

有了蒲草书，路温舒再也不愁没书读、没本写字了，他更加勤奋、孜孜不倦地刻苦自学。他每次放羊，都带着这种书本，一边放羊，一边读书，回家也是废寝忘食地读书。

靠这些蒲草书，他掌握了丰富的知识。后来，他当了狱吏，仍奋发图强，新盖的三间书屋，他背诵过的书，码起来顶着屋梁，其中仅用蒲草抄成的书籍，就满满地装了两屋子。

路温舒不怕困难，刻苦自学，终于从一个放羊娃，成为西汉著名的学者、赫赫有名的法学家。

刘向整理古文献

刘向（前77—前6），本名更生，字子政，沛（今江苏沛县）人，西汉文学家、目录学家，中国古代最著名的"编辑"。

刘向为了整理先秦古籍，整整花了20年时间。

汉王刘邦入关后，萧何没收了秦丞相府的图书文籍，存放在石渠阁。以后，又大规模征集图书。前后经过一百年时间，石渠阁的藏书堆积如山了。公元前26年，刘向受诏校理这些图书。这时，他年已51岁了。接受任务后，刘向立刻选定精通各方面专业知识的人做助手，对这批先秦古籍开始整理、校勘、编纂。

石渠阁的图书如浩瀚海洋，不仅图书的抄集来源不一，而且传授者又各有师说。同一种书，存在不同的抄本、不同的篇次和不同的内容，而且，用字互有歧异，同音、形近互相假借的现象比比皆是。许多简册，由于长期埋藏于壁中、地下，掘出时残破朽烂，简直难以辨认。

刘向整理儒家古籍时，力排众议，打破了不同儒家学派的门户之见，兼收并蓄。他常常广收异本，互相校勘。例如《尚书》就有9家。流行的有《古文尚书》、《今文尚书》。当时古文、今文两大学派间，壁垒森严，互相攻击。刘向勇敢地冲破这些壁垒，古文和今文，相互校勘，改正了脱简、错简和文字的错误几十处，发现不同之处几百个。整理儒家古籍，竟花了刘向好几年的时间。

接着，他又整理了先秦诸子的著作。先秦诸子的著作，往往是篇章单行。编每一部书，刘向都要广泛搜集各种传抄本子，清除重复和冗繁的篇章，然后再重新编定篇目次序。例如，整理《管子》这部书，刘向所搜集的篇目就有564篇，里面有很多内容是重复的。刘向重新编定的为68篇，分为8部分。

在石渠阁中，还有许多战国时的游说之说，书名各式各样。在编定篇目和次序以后，刘向把性质相同而来源不一的资料重新编纂，分作12国，按事件先后编为33篇，定名为《战国策》。刘向还编纂了《楚辞》、《新序》和《说苑》等很多书。每整理一种书，刘向都要写一篇"叙录"（摘要），最后，群书的"叙录"汇集成"别录"。这是中国历史上最早的一份图书目录。

整理先秦古籍的20年，也是刘向呕心沥血的20年。由于过度劳累，刘向在汉哀帝建平元年（前6）去世了。儿子刘歆继承父业，又用了大约一年时间，完成了这次大规模编辑整理古籍的任务。

刘向父子编辑整理先秦古籍，对于保存和积累祖国的文化遗产，做出了不可磨灭的贡献。

蔡伦革新造纸术

　　蔡伦（？—121），字敬仲，桂阳（今湖南郴州市）人，东汉宦官、造纸术的革新者，他把造纸术推进了一个新的历史时期。

　　蔡伦小时候就到宫廷里当太监。后来得到汉和帝的信任，被提拔为中常侍，管理宫内杂务，也参与一些机要大事的谋划。后来任尚方令，管理宫内的手工作坊，监督工匠为皇帝制造刀、剑和其他器械，以及工艺美术品。由于经常和工匠们接触，渐渐地对手工制造产生了浓厚的兴趣。熟悉了工匠们所掌握的精湛制造技艺。他时常亲自动手制造器具，常常为自己能亲手制出比较精美的工艺品而得意。

　　在蔡伦以前，造纸术的发明和应用就经历了一段很长的过程。在西汉初期就出现了"灞桥纸"。它是用大麻和少量的苎麻纤维为原料而制成的，其制作技术比较原始，质地粗糙，还不便书写。但新的道路已经开辟，迫切的社会要求又催促着技术的改进，可以用于书写的纸张的产生也为期不远了。西汉宣帝时期又出现了"扶风麻纸"。稍后，又出现了"金关纸"，这种纸，色泽白净、薄而匀，一面平整，一面稍起毛，质地细密坚韧，含微量细麻线头，可用于书写。东汉初期，又出现了"额济纳纸"，比金关纸稍好一些。由于造纸术改进比较缓慢，而且生产的数量极少，又很珍贵，所以在很长的历史时期里，还是以竹简和绢帛为主要书写工具的。

蔡伦平时愿意动脑筋，能够细致地观察和发现问题。在宫中，他看见大家用通行的竹木简刻字记事，既不方便，携带也很笨重，而用绢帛为书写材料又太贵重。于是，他开始思索如何能制造出一种取材广泛、经济实用的纸张这一问题。

有一天，他看见有人用丝絮写字，很受启发。他想丝絮既然能造纸，其他的植物纤维不也一样可以用于造纸吗？如果真的能造纸，那用纤维纸书写的方法就可以被广泛地应用了。

想好了就做！于是蔡伦带领工匠们用树皮、麻头、破布、破渔网做原料，把它们切断、剪碎或捣碎，放在水里浸渍一段时间，再把它们捣成糨糊状，然后把这些糊状物放在席子或木板上摊成薄片，放在太阳底下晒干，这就是造纸的原始方法。晒干后一张一张掀下来就是纸了。这种纤维纸，体轻质薄而适于书写。后来初试书写，就受到了人们的欢迎。

公元105年，蔡伦把这个重大发现报告给汉和帝，受到汉和帝的称赞，被封为龙亭侯。因此，人们也就把他发明的植物纤维纸称为"蔡侯纸"了。

蔡伦成功地革新造纸术，是与他深入实际、善于观察、勤于求索、勇于实践的品格分不开的。植物纤维纸的发明和应用，是人类造纸术发展史上的一件大事，它标志着纸张开始取代竹帛的关键性转折点。从此以后，纸张逐渐地从狭小的宫廷推广到社会。

当中国已普遍推广蔡伦的造纸方法时，欧洲人还在使用价格昂贵的"羊皮纸"。1400年后，欧洲人才会造纸，而且是跟阿拉伯人掳去的中国造纸工匠学会的。

由于蔡伦的努力探索，中国的造纸术在世界领先，为人类文明的传承做出了卓越的贡献，蔡伦也被誉为世界伟人。

匡衡凿壁偷光亮

匡衡，字稚圭，西汉东海承（山东峄县西北）人。他家祖祖辈辈务农，没有一个读书人，生活十分贫困。匡衡小时候却很喜欢读书，酷爱学习。但因家穷，少年时给财主放牛、放羊；长大了，成了敦敦实实的壮小伙子，农忙季节，父亲让他给地主打短工，做零活，帮助家里维持生活。

匡衡是一个有雄心大志、善于动脑筋给自己创造学习条件的聪明人。打短工的时候，他身边总是带着书，有空就拿出来看。哪怕在地头歇息的一点点工夫，他也要看上几段书，由于能够这样地刻苦学习，充分利用时间，他把《春秋》、《诗经》、《论语》、《礼记》，甚至《尚书》、《易经》都读了。天长日久，学问越来越大，但是他从不自满，学习起来总是孜孜不倦。

白天匡衡为财主干活，晚上不怕累，原想读点书，可是，学习需要时间，也需要一定的环境，晚上看书更需要灯光。可他家里连做菜都舍不得用油，哪肯用油点灯呢！为了省油，天刚黑，他妈妈就催他早早睡觉。匡衡一心想读书，怎么能睡着觉呢？他常常在一片漆黑的房间里背诵文章，有背得流利的，也有丢字的，他想看书对照一下，没有灯，真是心急如火。他心里烦，睡不着，耳朵就特别灵，隔壁吵吵嚷嚷的声音听得特别清楚。他走出草房，只见邻居财主家灯火通明，财主家经常大吃大喝，闹到半夜也不熄灯。可惜屋里隔了一堵厚墙，光线射不进来。

一天晚上，他正默诵文章，发现从墙缝里透过来一丝微弱的光，灯光！灯光！嘿！灯光有了。再也不愁无灯看书了，匡衡连忙捧着书，靠在墙边对着缝孔，贪婪地看了起来，他全神贯注，忘记了一天的疲劳和夜晚的倦怠。

第二天，瞅着邻家财主出门会客，家中无人，他非常小心地在墙壁上钻个小洞，小洞一直透到隔壁，然后他用纸小心地把小洞遮挡好。一到晚上，他就轻轻地把纸挪开，果然，一束光线射了进来，他捧着书对着小孔，书上的字就能看清楚了。从此，他每天晚上在自己的房间里，借着偷来的灯光，勤奋读书。

匡衡的求知欲望越来越强。苦于无书可读，他到处设法借书。真正书多的还是富人家，可富人家的书是很难借到的。聪明的匡衡想出了一个好办法，他去向一个藏书多的富人借书，表示愿意给他做工，不要工钱，只借书看，富人答应了他的要求。

匡衡很勤奋，白天做工，晚上看书，富人被他的强烈求知欲望、勤奋好学的精神所感动，就把全部藏书借给他看，不长时间，他就把那个富人家的全部藏书读完了。

匡衡的书越读越多，越读越精，六艺经传他都有研究，最后终于成了博士，他这个博士可不一般，当时的学者都钦佩他，纷纷赞扬说："对经学研究得透彻的除了匡衡之外，找不出第二个来。"这事连朝廷也知道了，汉宣帝就颁诏让他作了平原文学，后来还任命他为宰相。

匡衡还能诗善文，尤其善于解说《诗经》，常引经据典来议论国家政治得失。当时的儒生给他编了这么几句话："无说《诗》，匡鼎来；匡说《诗》，非人颐。"意思是：你们不要随便地解说《诗经》呀！匡衡就要来了，匡街解说的《诗经》呀，是那么生动，能逗得人个个乐得不停。

匡衡在事业上所以能取得如此成就，是从小勤学得来的。

王充借书成英才

王充（27—约97），字仲任。会稽上虞（今浙江）人。是中国东汉初期具有唯物主义思想和批判精神的杰出思想家。王充出生在浙江上虞一个贫困家庭里，少年时期就失去了父亲，没有钱读书。

他八九岁的时候，在洛阳的各书铺里，怀里揣着干粮，贪婪地埋头读书。每当读到兴浓的时候，总是目不斜视，细心领会。有时独自狂笑，有时愁眉不展，如入其境，连身边带的干粮也常常忘记吃。因为他没有钱，从来只看书不买书，书铺的主人最初很讨厌他，有时甚至赶他走。他总是苦苦请求："让我看完这一本吧！"后来，书铺的主人见他如此热爱读书，年纪又小，也就原谅了他。时间长了，他的行为感动了书铺的主人，书铺主人对他很友好。他也深知在书铺里读书的珍贵，所以总是认真理解，刻苦记忆。

在他20多岁的时候，就由乡里保送到当时的首都洛阳，进入全国最高的学校——"太学"去学习。著名的历史学家班彪在"太学"里讲课。班彪的学问很深，他讲课联系的问题很广。王充为了弄清老师所讲的内容，就把讲课时提到的书一一找来阅读。"太学"里的书差不多都读遍了，依然满足不了他的学习需要。去买书吧，买不起，王充便把书铺当图书馆，读了一册又一册，这家书铺读完，又跑到那家书铺，不久便积累了丰富的知识。

到了30多岁的时候，王充已成为知识渊博又有独立见解的学者。他对于当时盛行的唯心主义的说教深感不满，于是下决心给予批判。他谢绝一切应酬，集中精力，独立思考，着手写书。为了不耽误时间，不打断思路，他在自己住宅的许多地方，如门上、窗上、炉子上、柱子上，甚至厕所里，都安放了笔砚纸张，想一点，写一点，走到哪里，写到哪里。到了晚年，他孤独一人，生活潦倒，甚至有时缸里没了水、锅里没有了米，饿得肚子直叫、头发昏、眼发花，但仍坚持为实现自己的愿望而写作。王充把全部的精力都用在写作上，经过艰苦奋斗，终于用20多年的时间和心血，写出了闪耀着辩证唯物主义思想光辉的论著《论衡》。

王充所以能取得重大的学术成就，与他年轻时刻苦攻读分不开的，一个人只要孜孜以求、坚持不懈，成功只是早晚的事。

班超出使建奇功

　　班超（32—102），字仲升，扶风（今陕西咸阳东北）人，是大史学家班彪的儿子，班固的弟弟。班超他是东汉杰出的外交家和著名将领。

　　班超年少时，读了一些经书和人物传记，那些动人的事迹常令他心驰遐想，卓越人物的不朽功勋令他羡慕不已。他希望有一天自己也能像史书中所载的优秀人物那样，为朝廷、为国家立下不朽的功勋。他擅长辞令，谈锋稳健，常能为自己所做的事找出充足的理由。由于家境不好，他常为官府抄书来养活老母。他总有股韧劲，他想做的事，总要做到底。初任兰台令史，永平十六年（73）任假司马，跟从大将窦固出征，攻打汉朝北部的匈奴贵族。就在这时，他梦寐以求的建功树业的机会来了，一项特殊而重要的使命落到了他的肩上。

　　在西汉王朝还强大时，匈奴贵族不敢妄动，汉朝和西域各国的联系还持续着。随着西汉王朝的衰败，匈奴贵族又猖獗起来，肆意攻掠西域各国和汉朝的边境。王莽统治时，西域各国纷纷起来反对，投靠匈奴贵族，西域各族和中原地区的联系中断了。东汉建立之初，西域西部莎车比较强大，它联合西域南道（今天山以南的新疆地区）的一些小国与匈奴贵族相对抗。莎车王还派遣使者到河西，探问中原动静，表示思慕汉家。

公元 73 年，窦固率领东汉军队把北匈奴打得大败，占领了伊吾卢城，设置宜乐都尉，进行屯田戍守；东汉王朝着手恢复与西域各国的联系，在这种情况下，为了和西域南道各国取得联系，争取它们断绝和匈奴的联系，同东汉一起抗拒匈奴，班超奉北征大将窦固之命出使西域。班超考虑到了出使西域的危险和任务的艰巨，但一想到自己的志向，就毅然地接受了任务。

班超率领吏士 36 人向西域进发了。当时，西域各国的一部分贵族，希望摆脱匈奴人的野蛮统治，终止各国之间的纠纷，所以愿意帮助班超。也有一部分贵族受匈奴的挟持，凭借匈奴的势力，与班超为敌。班超就是在这种复杂的形势下进入了西域南道。

班超一行首先到了鄯善。鄯善王开始很热情，设宴款待，并设置歌舞，可后来态度突然变得冰冷起来，班超感到很奇怪，便派人暗中观察探听。得知是北匈奴的使者到了鄯善，遂使鄯善王不知所从，就对汉人采取了冷落的态度。班超感到，在这种情势下，如不当机立断，恐怕越来越对自己不利，不仅完不成使命，连性命也要丢掉了。于是，他抱着"不入虎穴，焉得虎子"的勇气和信心，带领自己手下的士兵，悄悄行动，袭杀了北匈奴使者及随从人员一百多人。鄯善王为之镇服，又从犹豫中站到汉朝这边来了。

不久，班超到于阗国，于阗王也杀掉了北匈奴使者，归附了汉朝。第二年春天，班超一行又前往西域西端的疏勒。当时，疏勒为北匈奴控制着，班超派人间道驰入疏勒，废掉了北匈奴设立的龟兹人疏勒王，按着疏勒人民的意愿，改立原来的疏勒王，恢复了他的王位，从此，疏勒也亲附汉朝了。班超足智多谋，坚定果断，经过坚决的斗争，逐一肃清了北匈奴在南道各国的势力，使西域南道诸国摆脱了匈奴人的残暴统治。班超的一系列行动，符合西域各国人民的利益，获得了广泛的支持，最后取得了胜利。

汉明帝死后，北匈奴乘机反扑。在匈奴贵族的唆使和支持下，焉耆、龟兹等国攻杀了东汉政府在西域设置的都护。匈奴围困戊巳校都尉兵，杀了校尉关宠；东师也发兵援助匈奴。此外，反叛的西域各国还联合进攻疏勒等国。班超孤立无援，处境十分困难。东汉政府看到无力固守东师，就令班超撤退。南道各国怕班超撤退后匈奴卷土重来，进行报复，都苦苦挽留班超，疏勒、于阗两国国王挽留班超最为恳切。

在如此情况下，班超决心留在西域。班超克服了重重困难，压服了疏勒一部分亲匈奴势力，击平了姑墨，并团结于阗、疏勒等国，利用东汉前后两批援兵，迫使匈奴在西域南道的属国莎车投降，击败了龟兹援助莎车的军队，和乌孙建立起友好关系，重新稳定了南道的形势。

永元二年（90），大月氏贵霜王朝发兵7万，越过葱岭进攻疏勒，企图建立对西域的统治。班超率领西域南道各国军队击退了大月氏的进攻，声威大震，遂乘胜经营西域北道（今天山以北新疆地区）。第二年，北道的龟兹、姑墨、温宿等国都归附了东汉，班超在龟兹它乾城设立西域都护府，亲自坐镇北道；并命西域长史徐干屯驻疏勒，与北道遥相呼应。公元94年秋，班超发龟兹、鄯善等8国军队7万多人，讨伐曾攻杀前西域都护、一直心怀二意的焉耆、危须、尉犁，俘虏了这些国的王侯贵族。自此，西域各国都纷纷向汉王朝交纳人质，归附了汉王朝。从此，西域地区和中原的经济文化联系更加密切，通往西亚各国的"丝绸之路"也随即畅通。

永元九年（97），班超派甘英出使大秦（伊朗），甘英达到条支国海滨（今波斯湾），临海东渡，为安息人所阻而还。这是中国使节远至波斯湾的第一次。

班超在西域奋斗了30年，他运用各种方法，帮助西域人摆脱匈奴贵族的束缚，使西域重新与内地联为一体，为增进汉族和西域各族人民的友谊，加强中原和西域地区的政治、经济和文化的交往，维护多民族国家的统一，立下了伟大的历史功勋。

张衡发明地动仪

张衡（78—139），字平子，南阳西鄂（今河南南阳市北）人。他是东汉著名的文学家和科学家。

张衡少年时学习刻苦，喜好写文章。他时感光阴流逝之快，夜以继日地读书，希望自己能成为对社会有所贡献的人。他曾到长安、洛阳拜师求学，增长见识，后来又到太学深造。

由于不断地学习，张衡获得了渊博的知识。他通晓五经，尤精于天文、历算。他对自然界的奥秘有着浓厚的兴趣，而无意于通往富贵的仕途。朝廷屡次征召任职，他都没有接受。汉安帝时，特地下诏召他到朝廷任职，他想借此多阅览一些先代有关天文、历算等方面的典籍，便于日后的研究，便接受了汉安帝的召见，被任命为郎中，后来，两度任太史令，掌管天象观测。

这期间，张衡对天文、历算的研究和探索更加深入了。

在总结前人经验和自己研究试验的基础上，张衡搞了大量的重要发明，撰写了很多饱含科学思维和创造智慧的著作。

汉代论天有盖天、浑天和宣夜三家，张衡是浑天说的代表人物。他在所著的《浑天仪图注》中指出："浑天如鸡子，天体圆如弹丸，地如鸡子中黄。天地各乘气而立，载水而浮。"他还指出天体每日绕地转一周，总是半见于地平之上，半隐于地平之下，等等。这里张衡明确指出大地是个圆球，形象地说明了天与地的关系。

张衡在他的另一部著作《灵宪》中指出，浑圆的天体并不是宇宙的边界，"宇之表无极，宙之端无穷"，从而表达了宇宙无限的概念。张衡的浑天说虽然是一种以地球为中心的宇宙理论，但在当时的历史条件下，在浓重的天圆地方学说的氛围下，它能够比较近似科学地说明天体的运行，对后世产生了很大的影响。

张衡不仅倡导浑天说，而且还在西汉天文学家落下闳、耿寿昌等人创造浑天仪的基础上，设计制造了一种用于演绎浑天思想的新的仪器——水运浑象仪，这对浑天说能得到社会的广泛承认，起了重要作用。

张衡所制的浑天仪是以一个直径为五尺的空心铜球表示天球，上画 28 宿，中外星宫及互成 24 度交角的黄、赤道等。紧附在球外的有地平圈和子午圈，天球半露于地平圈之上，半隐于地平圈之下，天轴则支架在子午圈上，天球可以绕天轴转动。水运浑象仪形象地表达了浑天思想，并解释了若干天文现象。

张衡还利用当时已得到发展的机械方面的技术，巧妙地把计量时间用的漏壶与浑象联系起来，即以漏水为原动力，并利用漏壶的等时性，通过齿轮系的转动，使浑象每日均匀地绕轴旋转一周，这样浑象也就自动地、近似正确地把天象演示出来。

张衡的这项创造是唐宋时代得到进一步改进的水运浑象仪的先声，在天文仪器史上占有重要地位。

张衡担任太史令先后达 14 年之久，所以他在天文学方面的贡献最为突出。在《灵宪》中，他系统地总结了前人关于宇宙生成及演化的思想。

除了沿用道家的有生于无的客观唯心主义观点外，张衡还采用了当时得到发展的元气说，比较完整系统地描述了天地万物生成、变化、发展的过程，对后世产生了深远的影响。

张衡还提出了五星视运动的重要理论。他用"近天则迟，远天则速"的理论，解释五星运行或快或慢的现象。

这表明张衡或许已经认识到五大行星和地球的距离有远有近，而且就同一行星而言，其运动的轨道也时而接近地球，时而远离地球。这又是五星运动快慢与地球距离的定性关系的早期描述。

张衡对月食的成因也有初步的认识，他认为月食是由于地球的影子——"暗虚"遮掩了月亮而引起的。

此外，他还测得日、月的视直径为 $\frac{365.25}{730}$ 度（约等于 0.5 度），同今测值相近。这些论见说明张衡在天文学方面的造诣很深。

在张衡生活的那个时代，较大的地震屡次发生，地震成了他十分关切的研究课题，基于对地震及其方向性的认识，特别是从当时建筑中有一种所谓都柱（即宫室中间设柱）的启示，张衡于公元132年首创了世界上第一架地震仪，即"地动仪"。

"地动仪以精铜制成，圆径八尺，合盖隆起，形似酒樽"，里面有精巧的结构，主要是中间的"都柱"和它周围的"八道"。尊外面相应地设置了8条口含小铜珠的龙，每个龙头下面都有一只蟾蜍张口向上。一旦发生较强的地震，"都柱"就因震荡失去平衡而触动"八道"中的一道，使相应的龙口张开，小铜珠就落入蟾蜍口中，观者便可知道地震发生的时间和方位。

公元138年的一天，地震仪西面的一个龙嘴吐出了铜珠，张衡便断定发生了地震。当时有很多人持怀疑态度，有的甚至认为张衡故弄玄虚，哗众取宠。结果，不久甘肃来人报告说那里地震了。

张衡是个多才多艺的人，他的贡献是多方面的。他研究过地理学，曾绘制了一幅地形图，流传了好几百年；在数学方面，他对圆周率作过研究，取用过 $\pi = \sqrt{10} \doteq 3.162$ 值；他也是当时有名的文学家，有不少文学著作，其中以《二京赋》、《东都赋》最为有名，在东汉的文学史上有一定的地位；他还是个画家，曾被列入东汉 6 大名画家之一。

张衡是那个时代产生的著名科学家，他能够做出如此丰富而伟大的贡献，有其内在的因素。他博学多识，而且虚怀若谷，"虽才高于世而无矫尚之情"。

张衡不以俸禄少为耻辱，而耻于知识不博，他抱定"约己博艺，无坚不钻"的决心，脚踏实地地进行工作，不为外界的冷嘲热讽所动摇，不为众目仰视而昏蔽，一直在执着地走自己的路。

张衡说过"如果走邪路，即使是捷径，我也不忍心投足"，这表明了他实事求是的科学态度。

张衡曾建议"把天下的谶纬之书收集起来，一下子就禁绝"，反映了他反对谶纬神学的勇敢战斗精神。

张衡之所以能攀登上那个时代科学高峰，尤其重要的是他那刚毅的性格和坚忍不拔的求索精神。这也正是中华民族几千年来源远流长，生生不息的美德。

张仲景攻克瘟疫

东汉王朝末期，农民起义此伏彼起，一浪高过一浪。大地主、大军阀也为了争权夺利，依据武力，各霸一方。烽火连年，田地荒芜，死尸枕藉，饿殍遍野，天灾交下，瘟疫流行。无情的瘟疫每年都要夺去无数人的生命。张仲景目睹着因病而死去的人，以及死者家属痛不欲生的情状，耳闻着病人悲凉的呻吟，心里十分痛苦。他辞去官职，专心研究医学，给百姓看病，横下一条心，非要制服瘟疫不可。

面对着像伤寒这样传染性极强的流行病，当时很多的医家都叹为困惑、束手无策。因此，张仲景清醒地认识到，要想制服这种流行病，是必须下一番苦功夫的。于是，他废寝忘食，翻遍了古代的医书，凡是前人医病的宝贵方法，他都搜集起来，然后进行分析、归纳，真正做到了"勤求古训"。有不明白的地方，他就向张伯祖求教，以便完整准确地领会以往医家对病理的看法及治疗方法。

张仲景在潜心钻研《内经》、《难经》、《胎胪药录》等古医典药著的同时，把收获的心得应用于治病救人的实践中去。

在实践中，张仲景发现单单依靠前代医家的某些见解和结论，并不能完全奏效。有人说："天下万事万物，殊途而同归，一致而百虑。"他认为对流行瘟疫的治疗也是如此，医家治病救人的关键，就是遵循病理和药理，对前人的结论不可拘泥，重在实践。

于是，张仲景对病理进行周密的观察和揣摩，经常到旷野乡村，不弃村妇野老之见，广泛搜集有效的药方，力争做到"博采众方"。早出，穿雾踏露，不待雄鸡的啼鸣；晚归，披星戴月，伴着荒野的凄风和野狼的号叫，不管路途多么艰险，身体多么困乏，只要能有所收获，那就是他最大的慰藉。

枯荣交替、寒来暑往，张仲景这样不畏艰辛、虚心好学，再加上勤于思考，逐渐掌握了"六经分证"和"辩证论治"的治疗原则，运用这些原则，治好了无数被瘟疫困扰的病人。当他看到这些病人又重新走向生活，额头上斑斑的皱纹都绽开了。

张仲景不但勇于实践，还善于从实践中总结经验。经过认真观察，反复实践，他参考先代医家的见解，综合自己的实践经验，写成了 16 卷的《伤寒杂病论》，把伤寒的病症分辨成 6 类 8 型，从而使古代"辨证论治"方法更加具体化了。此后，医生治伤寒感冒，只要根据病人的症状，分辨出属于哪一种类型，再对症下药，就很容易把病治好了。

在《伤寒杂病论》这部医书中，一共记载了治疗传染病的方子 30 个，治疗原则 397 条。此外，还有许多治疗各种杂病的方子。这部书后来散失，历经后人多次收集整理，今存有晋代名医王叔和改编的《伤寒论》及《今匮要略》两书。

《伤寒论》系我国最早论述多种外感热性病的专著。

《今匮要略》以论述内科杂病为主，兼及妇科和儿科。张仲景将前人之病因学说、脏腑经络学说同四诊（望、闻、问、切）、八纲（阴、阳、表、里、虚、实、寒、热）结合，概括出一整套六经分证和辨证论治原则，以汗、吐、下、和、温、清、补、消为各种病症的疗法。这些原则为后世医家奉为准绳。

> 张仲景的医学理论，是中国医学史上一束明艳的花朵，它的根须汲满了张仲景求索的艰辛和百折不挠的意志养液。

贾逵隔篱求学问

　　贾逵，字景伯，东汉平陵（今咸阳）人。是我国古代著名的经学家和天文学家。

　　他出生在一个贫寒的读书人家里，父亲贾徽在贾逵幼年时就外出求学去了，常年在外。贾逵同母亲、姐姐在一起，过着贫苦的日子。

　　贾逵从小聪慧好学。5岁那年，有一天姐姐带他到院子里玩，忽然听见附近的私塾里传来了一阵阵读书声。私塾外围有一层篱笆，贾逵人小个矮，就嚷着让姐姐抱起他看个究竟。姐姐抱起贾逵，小贾逵手抓篱笆往里一看，原来是私塾老师正领着学生在诵读经书。小贾逵羡慕极了，情不自禁地跟着老师诵读，久久不肯离去。姐姐见弟弟如此喜欢读书，于是每天抱着他隔篱听课。

　　小贾逵学习真有一股恒劲，一年四季坚持不断，有时姐姐没时间陪他去，他就自己趴在篱笆旁听课。遇上风雪天，他照听不误，小脸蛋与双手冻得通红，也不肯回家暖和。

　　就这样，暑去寒来，贾逵隔篱偷学了5年，对老师讲授的《五经》与《左传》竟能全文背诵下来了。10岁那年，父亲贾徽求学回家，发现儿子对经书十分熟悉，能背诵《五经》，非常惊喜。姐姐向父亲述说了贾逵的5年苦学，贾徽听后，赞叹不已。

　　贾徽也是研究经学的一位学者。所谓经学，就是解释和阐述儒家经典著作的一门学问，东汉时颇为盛行。贾徽曾经向西汉末年的著名古文经学派开创者刘歆学过《左传》，功底很深。他发现贾逵虽然能背诵《五经》与《左传》，但对经学的微言大义并不甚理解，而且贾逵隔篱听课时没有教材，文字写作能力差。针对儿子的薄弱环节，贾徽因材施教。在父亲的指导下，贾逵剥下庭中桑树皮做书板，对着教材边诵读边默写，桑树皮用完了，他就趴在门上、墙壁上写字，等把写下来的东西背熟了，又涂掉再写。贾逵就这样刻苦地自学，而且 10 年不中断。当他刚满 20 岁的时候，竟令人惊奇地为《左传》和《国语》写了 51 篇注释。

　　贾逵的名声传遍乡里，不少好学的青少年纷纷前来求教，大家都把他的教书生活称为"舌耕"，以赞扬他的勤奋刻苦精神。

吕蒙笃志求上进

吕蒙，字子明，三国时汝南富陂（今安徽阜南）人。他是东吴一员英勇善战的著名将军。

在很小的时候，因为北方战乱，吕蒙就跟着母亲避乱到江东。青年时代就从军打仗，没有机会上学读书。他虽然很能干，英勇机智，又善于指挥，但是却没有文化。

吴王孙权很看重这位青年将军。有一天，他对吕蒙和另一将领蒋钦说："你们现在都负有重任，应该多读点书，借以增长自己的知识和才干。"

吕蒙推托说："军中事务太多，恐怕安排不出时间来读书了。"

孙权开导说："我不是让你们专搞什么经学，只是希望你们多涉猎一些古书，从中吸取历史的经验教训罢了。你强调忙，难道比我的事务还多吗？我年轻时就读完了《诗经》、《书经》、《礼记》、《左传》、《国语》，只是没有读过《易经》。掌管军政要务以来，又读了三史和诸家兵书，自以为大有裨益。你们二位很聪明，只要肯学，就会学好。为什么借故推托，自甘暴弃呢？应该迎头赶上。"

吕蒙听了孙权的一番劝告，深受感动。从此以后，他便利用一切零星时间，发奋攻读史书、兵书，知识越来越多，在军务上经常提出非凡的见解。

当鲁肃代替周瑜，领兵镇守陆口，经过吕蒙兵营的时候，顺便去看望吕蒙。两人喝酒时，吕蒙问鲁肃："你身受重任，又同关羽的军队近在咫尺，将以什么计谋来防患于未然呢？"鲁肃贸然回答："到时候再说好了。"吕蒙说："东吴和西蜀如今虽然联合起来共同抗魏，可是要知道，关羽对于我们来说，毕竟是熊虎之患，怎么可以不预先定下对付他的计策呢？"当即，吕蒙为鲁肃策划了 5 条对策。鲁肃听了，不由得肃然起敬，马上离开席位，伸手拍了拍吕蒙的脊背，感叹地说："我总以为老弟只会打仗，今天听了你的议论，学问竟然这样渊博，见解竟然这样高明，真了不起！你已经完全不是当年在吴下的阿蒙了！"后来，鲁肃死了，吕蒙代其领军，袭破关羽，占领了荆州这个军事要地，为吴国建立了功勋。

孙权也曾这样赞扬吕蒙："像吕蒙、蒋钦这样，年长以后，还能自强不息、力求上进，这在一般人是做不到的啊！尤其是富贵荣华之后，尚能放下架子，勤奋学习，这就更是难能可贵了！"

王象羊倌变学者

王象，三国魏晋时期的著名学者。他文章写得好，被天下人誉为"名士"，甚至被称为"儒宗"。

一般说来，学问好，手艺精，出名似乎正常。对王象的评价也是如此，既然文章好，被称为名士似乎也就不错了，竟被称为"儒宗"，是不是过誉了，盛名难副吧？

王象，司州河内郡（今河南武陟西南）人。他是孤儿，很小的时候父母就没了。生活所迫，卖身为奴，好歹糊口，维持活命。

王象虽然卑贱，但非常好学，求知的欲望十分强烈。也不知道他从什么地方找来的书，每到羊儿只顾吃草的时候，王象便拿出书简，偷偷地读了起来。他读书被主人发现以后，得到最高的"奖赏"，就是一顿毒打。主人恶毒的行径，反倒使王象读书的愿望更强烈。千方百计地抓空读书，被主人毒打，也就成了家常便饭了。王象，一个放羊的奴隶好读书的名声逐渐传开了。

河内人杨俊为人善良，乐善好施。他听说王象为奴却好学的事迹以后，先是被感动，接着他又了解到，王象不但好学，且天资聪颖，才智也好，在欣赏王象的同时，慷慨解囊，出钱为王象赎身，解决王象生活中最实际的问题。他不但供王象读书，还给王象娶了老婆，盖了房子。

杨俊为王象一门心思读书，专心致志地做学问，奠定了牢固的物质基础。杨俊为王象读书成材铺平了道路。

　　果然，王象没有辜负杨俊的一片苦心，通过地方官的举荐，建安年间，王象受到曹操的儿子太子曹丕的"礼待"。曹丕当上皇帝以后，拜王象为散骑常侍，后来又升为常侍，口封为列侯。王象的学识和才能，真正得到了社会的广泛赞赏。

　　王象被称为"儒宗"，历史上这样评价："性器和厚，又文采温雅，因是京师归美，称为儒宗。"

　　王象一生中做的最大的一件事情，就是主持编写了《皇览》。《皇览》，从延康元年开始撰集，"数岁成，藏于秘府，合四十余部，每部有数十篇，通合八百余万字"。这是我国历史上最早的一部类书。

　　王象一生中最遗憾的事情，就是没能救得恩人杨俊的性命。

　　杨俊在南阳当太守，作为散骑常侍的王象，曾多次向魏文帝举荐杨俊，想请皇上同意杨俊到朝廷任职。可是，当初魏文帝与曹植争当接班人的时候，杨俊曾说过一些赞美曹植的话，魏文帝对此念念不忘，怀恨在心，提拔杨俊，甭想！调你杨俊到朝廷做官，更不用想！不收拾你，也就是魏文帝宽宏大量了。

　　不是冤家不聚头，事情终于发生了。

　　黄初三年，魏文帝南巡来到南阳，他借口南阳郡治下的宛县市面"不末乐"，逮捕了宛县县令和太守杨俊。当时，王象正在跟前，他立即向皇上为杨俊求情，甚至把自己的头都磕出血来，拉住皇上的衣裳不放，苦苦哀求。可不论王象怎么说，魏文帝就是不松口，并对王象说："我知道杨俊与你过去的关系，现在如果听从你的，就等于没有我这个皇帝了。你是想不要我呢，还是不要杨俊呢？"

　　最终，杨俊还是被魏文帝处死了。

王象"自恨不能济俊，遂发病死"。

世人感叹，王象是成也杨俊，死也杨俊啊！

王象没有从魏文帝的刀下救得杨俊的性命，使王象抱憾终生。由此，王象一病不起，很快就死去了。

透过王象拼死救杨俊的事实，人们不难看出，王象不仅才学过人，还是个知恩图报的好人。

　　　王象，奴隶羊倌出身，经过不懈的刻苦努力读书，终于成为著名的学者。在王象成长的过程中，杨俊为他提供必要的物质基础自然功不可没，而王象自身的努力，为后学者树立了逆境成材的楷模。

皇甫谧自学成才

皇甫谧（215—282），魏晋间医学家。著有针灸名著《黄帝三部针灸甲正经》（简称《甲正经》）。这部书是中国第一部针灸专著。它不仅在中国医学史上占有重要地位，就是在世界医疗事业上也有一定的影响。

皇甫谧祖上是东汉的名门望族，后来家道中落，到他这时已十分贫苦。皇甫谧从小父母双亡，过继叔父。虽寄人篱下，却不会料理自己的生活，也不会下地劳动，更不爱读书，总是终日游荡，消磨时光，人们都笑话他是"傻子"。眼看皇甫谧年届20，还是整天东奔西跑，喧闹嬉戏，游荡无度，叔母心里非常忧虑。

一天，皇甫谧兴冲冲地将玩耍时采摘来的野果献给叔母，不料叔母双眉紧锁，长叹一声道："静儿（皇甫谧幼名），难道我长辈指望于你的，就是这些野果吗？你年纪不小了，为何这么不知长进，20岁的人了还这么整天玩耍无度！"

皇甫谧听了叔母这番话，深受触动，含着热泪向叔母发誓，一定要改弦易辙，发愤读书。

第二天，皇甫谧不再找那些浪子去游玩，而是扛了一把锄头去下地，晚上取出书来读。但是游荡惯了的他，开始很不习惯这种边耕边读的艰苦生活。拿起锄头，既不应手，又很劳累；灯下读书，思想不集中，读着读着便睡着了。然而，20年来自暴自弃、使自己虚度宝贵青春年华的教训，又使他精神振作起来。他努力克服懒散习惯，拖着疲劳的身体，苦心研读经书。无钱买书便到处借书抄阅。越读他的视野越开阔，兴趣也更加浓厚。

但是光靠自学想取得很大进步，毕竟是有限的。为此，他又向叔父的知交席坦讨教。席坦见他很有上进心，便悉心指点。几年下来，皇甫谧终于成为一位当地很有点名气的学者。

后来病魔缠住了皇甫谧，这场病改变了他的生活道路，促使他悉心学医。

42岁的皇甫谧有一天忽然发现半边身子不停地酸痛，行动不能自如。家里人赶紧请医生给他诊治。诊断为风痹病，主要由风邪侵袭肌体形成，在当时属于难症。医生告诉他古人医治痹症，常用针灸，以通经脉，调血气，但要持之以恒，才能有效果。

患风痹症，对皇甫谧是一个沉重打击。半身不遂，不仅严重影响了他的生活，而且给读书带来很大不便。但他是有毅力的人，一面坚持针灸治疗，一面开始学医。他读过诸子百家的典籍，研读《内经》、《明堂孔穴针灸治要》等医书。为了证实医书上说的是否有道理，他多次在自己身上试针；有些穴位自己刺不到，就叫家里人帮助。坚持数年后，皇甫谧的病情有所稳定，他对研究医学的兴趣也越来越浓了。

但是，就在这时，他又遇到一次更为沉重的打击：因为服用一种名叫寒不散的药，他得了一场大病。寒不散包括5种石性药物，又称"五石散"。当时大官僚和读书人普遍认为，服了这种药，人可以像金石那样坚实不朽，以致"心加开朗，体力转强"，甚至可以长寿成仙。实际上，这是一种有毒的东西，服后有的舌缩入喉，有的痛疮陷背，长服会送掉性命。皇甫谧原来半身不遂，加上新的病魔折磨，一度意志消沉，准备自杀了事。最后，还是研读医学的责任心，使他打消了这个念头。

皇甫谧随着学识不断增长，声望也越来越大。极有权势的相国司马昭，亲自请他出来当官，他没有接受。司马昭的儿子司马炎代魏称帝后，又屡次下诏请他当太子的老师，他还是不答应。他这样坚决拒绝为官，主要是受疾病的打击，一心要学医的缘故。

到了晚年，皇甫谧以全部精力从事医书著作的写作。他的病主要是用针灸的办法来医治，因此他在这方面的研究花费的工夫最多，也最有体验。为了给后人留下诊治的针灸方法，以解除病痛，他在病榻上撰写了留传古今中外的名著《甲正经》。

《甲正经》的问世，第一次比较全面和系统地总结了我国针灸学的理论和丰富的经验，对针灸学的发展，做出了新的贡献。

书中对人体所有穴位，总共确定了654个，对每个穴位的治疗作用、禁忌症、操作方法，以及其他必备的知识，也作了详细介绍。

皇甫谧在书中又根据病理说明哪种病应针灸，哪种病不宜针，哪种病不宜灸。他指出9种病不宜针刺，如误用针刺的话，就会导致死亡。又指出四时气候变化不同，针刺深浅应有区别。凡属过去对孔穴部位确定有错误的，他也一一予以纠正。

《甲正经》对我国针灸学起了承前启后的作用。后代的针灸学著作都是在它的基础上发展的。至今，有的国际针灸组织，还把这部著作定为确定穴位的参考书，可见它影响之深远。

马德衡革新机械

　　马钧，又名马德衡，是三国时期的魏国人，他是这一时期出现的一位杰出的机械发明家，革新并发明了很多机械，后世人们曾称颂他"巧思绝世"。

　　马钧出生于扶风（今陕西兴平东南）的一个贫寒的家庭里。少年时，因为家境贫苦，马钧要帮助父亲生产劳动，养家糊口，所以没有机会就师学习，甚至连自学的闲暇也没有。笔砚不能相亲，晨昏难得欢笑，经常为生活而不停地奔波。但是，他在生产劳动中，善于注意生活实际，特别注意生产工具的构造。每逢遇到新见的生产工具，就一遍又一遍地琢磨它的机械原理，以至达到了如痴如醉的地步。耳闻目睹中，他听说了很多诸如"神农尝百草"、"伏羲教稼穑"、"鲁班制锯"、"蒙恬造笔"等为民造福一类美妙动人的传说，目睹了妇女们用旧织机织布和农夫提水稼穑的艰辛，于是头脑中产生了一系列幻想。他想：要是能造出新的既省时又省力的织机和灌溉机械该有多好啊！从此，他在实践中刻苦自学，专心致志地钻研机械设备，干中学，学中干，取得了许多机械制造方面的杰出成就。

　　当时的织绫机，"五十综者五十蹑，六十综者六十蹑"。综是使经线分组一开一合上下运动，以便穿梭的机件；蹑为踏具。就是说，有 50 个综这样的机件，就有 50 个脚踏板来分别控制它们；有 60 个综这样的机件，就有 60 个脚踏板来分别操作它们。这样的织绫机笨拙且效率极低，60 天才能织出一匹绫，虽然有了某些方面的改进，但效率仍然很低。于是马钧暗暗地下了决心，一定要使织绫机的操作程序简化，提高织绫机的效率。他经过反复思考和实验，改进的关键，在他看来，就是用较少的脚踏板来操作更多的综件。他把 50 蹑、60 蹑的织绫机都改成了 12 蹑，使操作简便易行，提高了生产效率。此后他的美名家喻户晓，人们都把马钧看成是巧思绝世的人。

马钧的兴趣是广泛的，他没有在成功面前沾沾自喜，也没有在人们的赞许声中陶醉，他深切地感到，织绫机改进的成功，只是自己奋斗的开始，还有更多的事要求自己去投入、去努力。

在马钧之前约半个世纪的东汉人毕岚曾制造了一种叫翻车的洒道机械，但是否是后世用于农业排灌的龙骨水车，难以稽考。马钧猜想着传闻中翻车的模样，思考着它的运行原理，还不时地征求别人对翻车的猜想和判定。这时马钧因发明而名噪天下，在朝廷做了官，住在河南洛阳。在他住宅的旁边有一片坡地，可以种些蔬菜、瓜果之类的东西，就是引水灌溉极不方便。灌溉时节，每天都要用很多人力到坡下的河塘提水，费了好大的劲，可烈日炎炎之下，禾苗和果树的叶子依然是黄黄的，浇到田地的水，没有多久就被蒸发掉了，土地仍然干裂着，活生生的现实又进一步激发了他制造新的汲水机械的渴望。他依着地势的坡度，在揣测翻车原理的基础上，终于制成了既轻巧又便于操作、连小孩都能使用的翻车，这种翻车就叫龙骨水车。这种水车，运用了齿轮和链唧筒的转动原理，用一两个人在水源处蹬踏齿轮，随着齿轮的转动，链唧筒也转动，链唧筒载着水就接连不断地由低处向高处的田地转动，将水顺势洒在田地里，将功效提高了很多倍。这种汲水方法，很快传到民间，促进了灌溉农业的发展。

马钧是个肯动脑筋、勇于实践的人，由于成绩显著，受到皇帝的奖赏，官至给事中。一次马钧和官员们一起聊天时，谈到传说中的指南车问题，有的官员认为黄帝时就有指南车的说法不可信，马钧则坚信古时候确有指南车。这虽是不傲今世、不藐古人的见地，但地老天荒，年代久远，终是难以稽查，因此，双方争执起来。有人讥笑马钧是"巧思致痴，不辨真伪"。但马钧不想和这些人作无谓的争论，他决心在实践中做做看。他征得了魏明帝曹睿的同意，便造起指南车来。可是史书上只提到黄帝靠指南车辨别方向打败了蚩尤，并没有传下图纸，现实中又没有实物可参照。马钧只好根据自己的想象和灵感重新设计制造。由于他平时肯钻研，又掌握了很多机械运动的原理，不久就制成了指南车。指南车制成后，连过去曾经嘲笑过他的大臣也为之叹服。

　　马钧还奉朝廷的命令，改制了那些不能转动的各种用来观赏玩耍的机械。他把那些不能转动的俑人及其他玩物放在木轮的上面，用流水冲击木轮使其转动，于是木俑便像真人一样动起来，能击鼓吹箫，能跳丸掷剑，也能攀缘绳索做难度较高的倒立。使朝廷上的君臣及宫中的后妃侍女无不为之叫好。马钧对武器的革新也很关心，他认为蜀国诸葛亮发明的连弩并未尽善，还有待进一步改进，如能成功，可使效率提高5倍。于是他创制了轮转式发石车，能连续发出大块石头，石块可射出几百步之远。

　　马钧的发明创造是多方面的。他不论为民还是做官，都在不懈地钻研、探求。马钧制造的新式织绫机、龙骨水车、指南车等，都给后继者开辟了道路，提供了经验。他在龙骨水车、指南车的制造中所运用的机械原理，比外国要早七八百年，他不愧为中国古代杰出的机械改革发明家。

陈寿勤奋读经史

陈寿，字承祚，三国时人。他刚出生时，骨瘦如柴，父母怕养不活他，就给他取了这个吉祥的名字。

小陈寿真的没有辜负父母的心愿，他竟然一天天健康地长大了。五六岁时，他就开始跟着父亲在家中读书写字。他天资聪颖，好奇心强，勤学好问，在 19 岁那年就把家中的全部藏书读完了。他这时还在一所私塾里读书，私塾先生教的书本他很快就学会了。他的求知欲望已得不到满足，渴求学到新的知识，便恳求父亲，要到很远的地方向一位叫谯周的老师求学，父亲心里虽不放心，但经不住孩子的苦苦哀求，终于答应了。

陈寿高兴极了，他背着行李，带着干粮，急匆匆地上路了。经过十多天的辛劳跋涉，他终于找到了思慕已久的老师。

陈寿的老师谯周，对孔夫子的学说很有研究，被朝廷封为光禄大夫（亲近皇帝的高级顾问官），是当时首屈一指的古代史学家。他开办的私学在巴蜀一带也最出名，许多豪门贵族都把子弟送到这里来读书。

陈寿初到这里，谯周见他是个十几岁的小孩子，不由得有些好笑。他想："到我这里来求学的人都 20 多岁，这个乳臭未干的小孩子到我这里来求学，岂不有损于学堂的名声？"于是，他连哄带推地对陈寿说："你太小了，我这里不收小学生，快回家去，过几年再来吧。"

陈寿一听就急了，连忙上前哀求说："先生，您收下我吧，别看我年岁小，我已经读完了《诗经》、《书经》、《礼经》、《春秋》……难道还不够格当您的学生吗？"

谯周听说他读了这么多书，有点不信，就出了几个题目来考他，没想到陈寿竟对答如流，使谯周十分惊讶。他见陈寿聪明伶俐，心中很喜欢他，但又考虑到他年龄太小，心中有些犹豫。小陈寿见谯周沉吟半晌，没有说话，急忙走到他跟前抬起脚对他说："先生，我为了到您这里来，在路上走了十多天，把鞋底都磨穿了，您一定要收下我呀！"

谯周低头一看，只见陈寿脚下的鞋果然破了，底上穿了个洞，鞋面上裂了口，脚丫子露在外面，有几个地方还结着污黑的血痂。他被这个少年顽强求学的精神感动了，一把拉住炼寿的小手说："好吧，先试试看吧。"

陈寿来到这里以后，给学堂增添了不少生气。从来没有一个学生读过的竹简、帛书，一捆捆一堆堆放在角落里无人过问，陈寿却把它搬了出来。每天，天刚蒙蒙亮，他就爬到山坡上去读书；当夜阑人静的时候，同学们早已入睡了，只有陈寿仍然独坐在书院的烛光下刻苦攻读。谯周的学堂里从来没有见过这样用功的学生，他非常喜欢这个年龄最小、最用功的学生，高兴地说："昔日仲尼弟子三千，贤人七十二，我几十个学生中出了一个陈寿，也算不枉终生为教啊！"

从此，谯周更加细心教导陈寿了。陈寿也虚心地向老师请教。在谯周的指导下，陈寿进步很快。他精心研读了诸子百家的经典著作，钻研了六艺（诗、书、礼、乐、易、春秋），以及天文、历法、算术、医学等各方面的知识。他最爱读的是那些古代的历史名著，如《尚书》、《左传》、《公羊传》、《穀梁传》、《史记》、《汉书》等，他读了一遍又一遍。春秋战国的群雄争霸，秦汉王朝的兴亡更迭，都引起了他莫大的兴趣。那时候，还没有发明印刷术，为了得到这些书，陈寿一面读，一面抄，一面背，那些精彩的段落，差不多都能熟背下来。他不仅为历史上那些动人的故事所激动，而且对那些写史的人也非常敬仰。他立志长大以后，也能当上一名史官，给后人留下一部史书。

从此，读书时，他不再满足于单纯的能记会背了，而且有目的地去研究、探索写史书的方法。

5年寒窗，陈寿孜孜不倦地苦读，使他成为一个学识渊博、才华横溢的青年。他这时感到，要写史书，光靠读书是不行的，更重要的是要搜集和整理资料。于是，他告别了谯周老师，回到了故乡。

回到故乡之后，陈寿开始注意搜集地方史料，留心乡间的知名人物，用这些材料进行编写史书的训练。经过数年的艰苦努力，他终于写出了著名的《三国志》，这部书凝聚了他毕生的心血。

在我国浩瀚的史书典籍中，《三国志》占有重要的地位。1000多年以前，它就与《史记》、《汉书》、《后汉书》合称为"四书"，在"二十五史"中，它也是不可缺少的一部，是我们中华民族宝贵的历史遗产。

左思苦撰《三都赋》

左思（约 250—约 305），字太冲，齐国临淄（今山东）人。他是西晋著名的文学家，他博学多才，能诗善赋，一生写了大量优秀的文学作品，成为当时文坛上享有盛名的领袖人物。

左思自幼贫穷，没有受过正规教育。但他志向远大，勤奋好学。在博览群书的过程中，渐渐对都赋（描写皇朝都城的文章）产生了浓厚的兴趣。每逢得手，总要反复研读，立志在写作都赋上要做出一番成就。

汉朝的文学家班固写过《两都赋》，张衡写过《二京赋》。左思读后赞叹不已。但是，他觉得这两赋虽好，也有美中不足之处。有些景物的描写缺乏事实依据，不免给人以虚假的感觉。他想，历史上的都城那么多，为什么自己就不能写一篇都赋，以扬前人之长，避前人之短呢？于是，他决心为三国时的蜀都成都、吴都建业（今江苏南京）和魏都邺城（今河北临漳）写赋，合称《三都赋》。

左思要写《三都赋》的消息在洛阳不胫而走，人们议论纷纷。赞许的有，但更多的是怀疑：一个无名小卒能成吗？真不知天高地厚。写《两都赋》、《二京赋》的班固和张衡，都是汉朝名家。他竟想超越前人，简直是太不自量力了！

在冷嘲热讽中，左思激愤了：难道就不能超越前人吗？能，一定能！因此，他更坚定了写好《三都赋》的决心。为了使《三都赋》言必有据，真实可信，他认真查阅、仔细研究了有关蜀都、吴都和魏都的大量史料，向了解情况的人调查三都的风土人情和山川草木，然后进行精心构思。在写作过程中，他意识到自己的知识积累还满足不了写作《三都赋》的需要，便主动请求担任秘书一类的职务，以便开阔眼界，增长知识。他不知疲倦，废寝忘食地从事创作。早上天蒙蒙亮就起床，晚上在烛火下一直写到深夜。他在室内、院子里、大门边，甚至厕所外面，都摆上桌子，安放好纸墨笔砚，想到一个好句子，马上就提笔记下来。他走路、吃饭，连上厕所都在思考文章的写法，有时简直入了迷。常常忘记了吃饭，饭菜热了又凉了。有一次，由于太专心，他竟把两支毛笔当筷子送入了口中，弄得满嘴乌黑。

夜晚，他伴着孤灯，在写得密密麻麻的纸上竟找不出哪些是需要删节，哪些是需要保留的句子。室内庭院，满是他写的草稿纸，狂风一吹，到处飞舞。随着时光的流逝，左思日夜凝思书写，累得消瘦了，憔悴了，两鬓也开始添上几丝白发。足足花了10年心血，他的《三都赋》终于完成了。可是，左思已经从一个青年人变成了一个中年人了。

左思这部光辉赋作问世的时候，他决心找一个有真才实学的人来做评定。他把《三都赋》送给了学识渊博、德高望重的皇甫谧。皇甫谧反复看了几遍，禁不住拍案叫绝，立即提笔写序，然后又请人作了注解。几乎被打入冷宫的《三都赋》顿时身价百倍，成了洛阳的畅销书。人们视为珍宝，争相传抄。洛阳的纸张也紧张起来，纸价上涨了二三倍。到后来，人们有钱也买不到纸，只好到外地去买，"洛阳纸贵"的成语就是从这里产生的。

有志者事竟成。一个被人瞧不起的无名学子，敢于树立超越前人的志气，选准自己的创造目标，并按照创造目标选修知识，发奋努力，终于成就了一番不寻常的事业，这种精神十分可贵。

葛洪勤奋医著书

葛洪（约281—341），字稚川，自号抱朴子。丹阳句容（今江苏）人。东晋医学家和炼丹术士。

法国著名微生物学家巴斯德，19世纪末对狂犬病疫苗的研究，做出了伟大贡献。然而，距巴斯德1500多年前，中国晋代的炼丹医学家葛洪，就提到过这种疫病的治疗方法，他所采用的，就是类似巴斯德的免疫法。葛洪他开创了用免疫法治疗狂犬病的世界先例，称得上是免疫学的先驱。

葛洪青年时期受社会炼丹风气影响，很喜欢炼丹医病。他虚心向人请教，努力学习关于医药保健和炼丹的知识，读过一些这方面的书。他从小就很喜欢学习，由于父亲早逝，家境贫寒，买不起书笔和纸墨，只好上山去砍柴，把砍来的柴卖了钱，买来纸墨，然后借别人的书，抄下来阅读。他为了多砍柴多卖钱，天还没有亮，就点着松明上山，直到天黑，才把一担担柴挑回家来，第二天再到集市上卖掉。这样，他白天根本没有时间读书，只好在晚上用功学习。在一盏昏暗的小油灯下，葛洪睁大了眼睛读书，疲劳一阵阵地向他袭来，使得他不断地打盹。他用冷水擦把脸，提提精神，又坐下来认真地读。他即使读到深夜，还要在睡下前，把当天读过的书抄在纸上，准备第二天带上山去，在砍柴休息时再温习一遍。

他在炼丹时，为了弄清一个问题，不怕千里迢迢，跋山涉水，去请教别人。他到过吴兴余杭问道，认真研究了东汉炼丹家关于炼丹的书，从中得到很大启发。

他边学习，边实践，躲到深山里专心致志地炼起丹来。

有一天，他把炼丹的矿物放进炼丹炉里，架起火来烧炼。他一边烧火，一边目不转睛地观察炉里面的变化。炼着炼着，出现了赤色晶体状的东西，他高兴极了，大声叫嚷起来："金丹炼成了！"当然，这种金丹并不是人们幻想的那种长生不老的金丹。

葛洪还总结了前人的经验，写了一部《肘后备急方》的医书，共4卷。"肘"，就是胳膊，"肘后"是挂在胳膊上，《肘后备急方》就是经常挂在胳膊上，以备应急之用的药方，是居家或外出都必须随身携带的医书。这部书讲到的急症有急性传染病、外科、儿科、眼科等。还附带讲了六畜病，属于兽医的范围。大概是古人经常骑驴骑马外出，所以也需懂点六畜病的急救方法。在这部书里，葛洪对他研究的每一种病，都讲了病状、病因、治法和药方。

在这部书里，他还记述了一种叫"尸注"的病，书里说这种病的种类很多，粗分为36种，细分到99种。得了这种病的人，闹不清自己到底哪儿不舒服，只觉得发烧怕冷，浑身疲乏无力，精神恍惚，身体一天天消瘦下去，时间长了就会死亡，此病还会传给别人，造成全家人的死亡。葛洪所描述的这种"尸注"，其实就是现代医学上所说的结核性传染病。他对这种结核性传染病的症状和发展情况的认识，是符合实际的。结核菌能使人身上的许多器官生病，肺结核、骨结核、肠结核等都是结核菌引起的。

葛洪是中国最早观察和记载结核病的医学家。其医学成就至今仍为中医学中的宝贵财富。

王羲之"墨池"佳话

王羲之（321—379），字逸少，晋代琅琊临沂（今属山东）人。他是中国古代著名的书法家。

王羲之从小练字，7岁的时候，已经写得很不错了。继续练了四五年，总感到进步不大。

有一天，王羲之在父亲的枕头里发现一本名叫《笔谈》的书，里面讲的都是有关写字的方法，他高兴得如获至宝，偷偷地阅读起来。正当读得起劲的时候，父亲来了，问道："为什么偷我枕中秘书？"羲之笑而不答。母亲想给他打圆场，从旁插了一句："你是在揣摩用笔的方法吗？"父亲认为他年纪太小，未必能够读懂，就把书收了回去，对他说："等你长大了再教你读。"王羲之不高兴地说："如果等我长大了才讲究笔法，那我这几年的时光不就白白浪费了吗？还是让我现在就学吧，免得不懂方法瞎摸索。"父亲听他说得有理，就把书给了他。于是，王羲之按照书中所讲的方法天天苦练起来，不久，他的书法有了显著进步。

但是，王羲之并不满足已有的进步。有一次，他看见东汉书法家张芝的书迹，爱不释手，自叹不如。张芝的草书写得好，人们称他为"草圣"。王羲之不仅爱慕他的字，更钦佩他"临池学书，池水尽黑"的苦练书法的顽强精神。在给朋友的一封信里，王羲之写道："张芝就着池塘的水练书法，连池水都变黑了，如果人们也下这么深的工夫去练习，未必会赶不上张芝。"

从此，王羲之每天挥笔疾书，写完字后就到家门口的水池去涮笔。久而久之，池水都染黑了，人们把这个水池称作"墨池"。根据记载，王羲之居住过的绍兴兰亭、江西临川的新城山、浙江永嘉积谷山，以及江西庐山归宗寺等处，都有他的墨池。

王羲之勤学苦练书法，他草书学张芝，正书学钟繇，并且博采众长，推陈出新，终于形成了自己的独特风格，创造了一种漂亮流利的今体书法，后来人们称他为"书圣"。

法显艰苦取真经

法显是晋代的一位高僧，既是翻译家，又是旅行家。

法显出生在一个虔诚的佛教家庭，3岁时父母便把他送进寺庙当了童僧。20岁时正式受戒当了和尚，直到终年。

少年的法显进了寺院，失去了上学的机会。他从小勤奋自学，虚心向有学问的老和尚求教，晚年又十分重视旅行实践。

那是公元399年，随着佛教由印度东传，在我国佛教界掀起了到佛教的发源地——印度取经的热潮。这时法显已经65岁了，但他为了取经求法和参访佛迹，不顾年老力衰，决定同数名僧人结伴离开长安。他们一行从长安出发，第二年才到达敦煌。经过了水流湍急的黄河，越过了高耸入云的祁连山，经过了1500里远的白龙堆沙漠。在这些地方，上无飞鸟，下无走兽，望穿了眼睛，也休想找个安身之处，他们只能靠死人骨头，来辨别方向。就在这样的路上，他们整整走了17天。到达鄯善以后，迎接他们的是一片更大的沙漠——世界闻名的被称为"进去出不来"的塔克拉玛干大沙漠。又走了一个月零五天，才见到一片绿洲，到达古代西域的佛教重地新疆和田。

这时法显已经67岁，从长安一道出发的旅伴，有的死于沙丘，有的半途折返，有的离他而去。法显是一位勇敢的旅行家，他没有丝毫怯懦，掩埋好同伴的尸首，又继续前进。在此后近10

年的漫长岁月里，他不知疲倦地在东南亚次大陆的土地上奔波，足迹遍及今天的巴基斯坦、阿富汗、印度，以及印度洋上的美丽岛屿斯里兰卡。

法显到处追踪佛教发祥地的圣迹。他以旺盛的求知欲考察了印度等国的风土人情和名胜古迹，更以虔诚的心情瞻仰了佛教圣地，但法显总感到不满足。他来印度的一个重要目的是取经，现在，这个目的还没有达到。于是，他又来到印度巴特那，这里有当时印度最大的佛教寺院，藏有很多重要经律，还有不少深通佛理的高僧来讲学。法显在这里住了 3 年，刻苦学习梵书、梵语，抄录经律，收集记录了许多珍贵佛教经典。以后，他又顺恒河东下，到达多摩利帝国。相传释迦牟尼曾来这里讲学，佛教也很盛行。在这里，法显又用两年时间，抄录佛经并画了一些佛像。

后来，法显又到了斯里兰卡，继续寻求国内没有的佛经。

法显 78 岁的时候，回到了祖国，整理了 14 年的旅途见闻，翻译了他所带回的佛经，最后写成了《佛国记》这一不朽著作。

远在 1500 多年前，在人类还缺乏地理知识，交通条件又极为落后的情况下，年过花甲的法显，能完成这样一个穿行亚洲大陆并经南洋海路回国的大旅行，真是令人敬服。

车胤囊萤夜读书

车胤，晋代南平（福建）人。他一生做过辅国将军、吏部尚书等官。他的曾祖父车浚做过会稽太守，父亲车育曾任郡主簿。

他博览群书，贯通古今，与当时文坛的著名才子吴隐之齐名，是东晋著名的学者。他人长得漂亮，又有风度，而且驾驭语言的本领很强，说起话来诙谐有趣。因此，他在当时一些文人学士中很有威望，大家都喜欢和他交朋友，一些盛大集会总缺不了他。如果车胤不在场，大家就会说："车公不在，没有意思。"

车胤三四岁的时候就很懂事、有礼貌，来车家的亲友常常夸奖他，都认为他长大了一定会有出息，让他父亲好好培养他。

当车胤五六岁的时候，他父亲就教他读书写字，车胤聪明而且知道用功学习，读起书来废寝忘食，没有一天放下过书本，每天读书都要过半夜。

夜间读书需要灯光，家里生活又贫穷，哪来的钱买灯油？他父亲虽然做过郡里的主簿，为官清廉，在任上也没攒下什么，辞职以后家庭生活就更清苦了。小车胤就只好白天多学点，夜晚默记背诵。

一个盛夏的夜晚，他坐在院里正为没法学习感到可惜时，忽然看见许多萤火虫一闪一闪地在空中飞来飞去，发出点点亮光，愁眉不展的车胤心里刹那间亮堂了。他想，要是把这些萤火虫放在一起就是一个多好的不用钱买的灯啊！于是，他系好头巾，找了一块粗布做了一个丝网，再找来一根竹竿，把丝网安在上面，然后来到窗前用丝网网萤火虫。可惜，院子里只有几只萤火虫，三下两下就网没了。他把落在网里的萤火虫放到小瓶子里，擎着丝网竿子出了院门，在门口又网了几只，可是还不够。这时天已经很黑了，夜深人静，他大着胆子来到村口。村口地头草丛里的萤火虫可真多，他一口气网了好几十只。回到家里他又做了个丝网，把捉来的萤火虫放进去，然后把网口扎上。透过丝网的空隙，萤火虫绿荧荧的光把屋子照亮了，这真比小油灯还强呢！车胤借着萤火虫的光，十分高兴地读起书来。

就这样，他每天晚上就着萤火虫的光读书，读了一本又一本，他的知识越来越丰富。最后，车胤成为东晋学者中的佼佼者。他的故事更为人们广为传颂，人们常用车胤囊萤夜读的故事来砥砺自己刻苦勤学。

江泌借月光读书

江泌，字士清。南北朝时洛阳考城（今河南兰考）人。曾任南中郎行参军及国子助教。他在任期间为官清正廉洁，家里从来不使用奴婢童仆，家中的活计都是他与他的兄弟们亲自动手去做。下属的官吏、差役有病有灾，生活有困难的，只要是让他知道了，一定拿出自己的钱来资助他们；属吏去世了，他也要花自己的钱，为他们买棺材安葬，因此下属都十分爱戴他。

江泌自幼聪明好学。家中生活十分贫苦，他天天要帮家里削木头做木鞋来维持生活。但是，艰难的生活没有磨灭他的学习意志。他胸怀宽广，志向远大，立志攻读经史。家里穷供不起他去学堂里读书，他就立志自学。他把鞋摊摆在一个学堂附近，能够听得见学堂里面先生的讲课。每天一边削木鞋底，一边听先生讲课。江泌白天忙着做活，晚上读书，往往要读到深夜。即使有时白天做活非常劳累，晚上十分疲劳，也从不间断学习。

晚上读书学习，需要灯油，而他一读就读到深夜，灯油用得更多了。时间长了，江泌妈妈怕他读书耗油太多，天一黑，早早就把灯吹灭，并把灯藏起来。没有灯光，夜里怎么读书？江泌只好静静地背诵或默记学过的知识。

一个中秋节的夜晚，江泌陪着父母在院子里赏月，看见明亮似镜的月亮、皎洁的月光，他灵机一动，心想，在月光下读书不是也行吗！于是，他就着月光看起书来。就这样，他天天就着月光读了不少书，再也不愁点灯费油，夜晚无法读书了。

一次，他读书着了迷，读着读着，月光斜移，原来透过窗户照进屋子里来的月光一点儿也没有了。他抬头一看，原来月亮已经悄悄地爬到屋子那边去了，屋子挡住了月光，所以字看不清了。江泌就拿着书本跑到院子里来看书。过一会儿，又看不清了，他干脆就登着梯子爬到屋顶上映着月光读书。他看着看着，到了后半夜，因为白天太累了，晚上看书时间长，他疲倦地趴在屋顶上打起盹来，结果从屋顶上滚了下来摔在地上，这时他的手还紧紧地握着书。幸亏家里是茅草房，屋檐不高，没有摔坏，只是脸上、膝盖擦破了皮。江泌真有点犟劲，他从地上爬起，拍拍身上的尘土，又爬上屋顶，映着月光读起来。

江泌这种刻苦自学的精神，感动了周围的人，这件事不久就在乡里传开了，以后又传遍了州郡。江泌映月读书的故事一直流传至今。

祖冲之求是创新

祖冲之（429—500），字文远，范阳遒（今河北涞水县北）人。是南朝宋、齐时的数学家、天文学家和机械制造家，也是世界科技史上的杰出人物。

祖冲之家庭的几代人对天文、历法，以及机械制造方面都有比较深入的研究。他的祖父祖昌，在宋朝做了一个管理朝廷建筑的长官。在这样的家庭气氛熏陶下，祖冲之自小时候起就受到了良好的教育，读了不少书，大家都称赞他是个博学的后生。他特别爱好数学，也喜欢研究天文、历法，经常观测太阳和其他星球运行的情况，每一次观测，都做一次详细的记录。

宋孝武帝刘骏听到他的名声，派他到一个专门掌管学术研究的官署"华林学省"工作。他对当官并不感兴趣，但是在那里，便于博览群籍，可以更加专心研究数学、天文、历法了，于是，他就应召赴任了。

在祖冲之以前，有个名叫刘徽的数学家，利用割圆术从圆内接正六边形算起，边数逐步加倍，一直算到圆内接正一百九十二边形的面积，算得了圆周率即 π 的近似值为 3.14。祖冲之应用了刘徽的割圆术，并在刘徽的计算基础上继续推算，求出了精确到小数点之后第 7 位有效数字的圆周率，即 $3.1415926 < \pi < 3.1415927$。这一结果，相当于需要对 9 位数字的大数目进行各

种运算（包括开方在内）130 次以上。这在今天用笔算运算也是一项十分繁复的工作，而在当时是用算筹运算的，更不知要艰巨多少倍。从这里，可以看到祖冲之付出了多么巨大的劳动，需要多大的毅力和信心。

祖冲之所求得的圆周率数值，远远地走在了世界的前列。直到 1000 年后，15 世纪阿拉伯数学家阿尔·卡西于 1427 年著《算术之钥》和 16 世纪法国数学家维叶特于 1540—1603 年才求出更精确的数值。为了计算方便，祖冲之还求出用分数表示的两个圆周数值。一个是 $\frac{355}{113}$，称为密率；一个是 $\frac{22}{7}$，称为约率。密率是分子、分母在 1000 以内表示圆周率的最佳渐近分数。在欧洲，16 世纪的鄂图和安托尼兹经过运算，才得出这个数值。

在天文学领域中，祖冲之也取得了辉煌的成就。他在探古今之异，观华戎之要，对历代历法进行系统的研究过程中，一方面开动思想机器，极力思考研究的途径和方法，一方面坚持实际观测，他亲自用圭尺量日影、亲自观测漏时计的情况，一丝一毫也不肯马虎而过。通过对历代历法的研究，他发现古时的历法疏陋错舛之处很多，划分得也不精密，他指出了天算历法家刘歆、张衡、刘徽、何承天等人的不足，大胆地提出了改革历法的主张。他根据长期观测的结果，创造出一种新的历法，叫作"大明历"。这一历法测定的每一回归年的天数跟现代科学测定的结果只相差 50 秒；测定月球环行一周的天数，跟现代科学测定的结果相差不到 1 秒。可见它的精确程度了。

研究和推行科学，不仅要受到客观条件和科学研究方法的制约和限制，而且还要受到来自社会的传统观念和传统势力的阻挠。

462 年，祖冲之请求宋孝武帝颁布新的历法，宋孝武帝便召集群臣商议。当时，有一个皇帝宠幸的大臣戴法兴出来反对。戴法兴拘泥于陈腐的传统观念，抱残守缺，他无视祖冲之提出的"冬至所在，岁岁微差"的事实，对祖冲之横加非难。他认为祖冲之擅自改变古历法，是离经叛道的行为，提出古人的章法不能改变，攻击祖冲之改革闰周是"削闰坏章"。祖冲之没有被戴法兴的攻击诬蔑吓倒，他当场用自己研究的数据回驳了戴法兴。戴法兴仗着皇帝对他的偏爱，蛮横地说："历法是古人制定的，后代人不应当改动。"祖冲之据理力争，严肃地说："你如果有事实根据，就只管拿出来辩论，不要拿空话吓唬人嘛。"

宋孝武帝为了帮助戴法兴，找来一些懂历法的人跟祖冲之辩论，也一个一个地被祖冲之驳倒了。尽管如此，由于戴法兴是宋孝武帝刘骏的宠臣，大家都畏惧他的权势，既然戴法兴对祖冲之提出异议，商议的人就都跟着戴法兴附和，以免得罪当道。当时，支持祖冲之观点的，在朝臣中只有一人。这是一场科学与反科学的论战。事后，由于宋孝武帝还是不肯颁布新的历法，直到祖冲之去世 10 年之后，他创制的大明历才得到推行。事实验证了祖冲之生前的预言，即大明历的推行势在必行。

除了对数学、天文历法方面的贡献外，祖冲之还是个多才多艺的机械发明家。他制造的指南车，不管车身怎样转弯，车上的铜人总是指向南方；他还制造过"千里船"，在新亭江上试航过，一天可航行 100 多里；他还利用水力转动石磨，叫作"水碓"，可用来舂米碾谷子。

祖冲之勤于治学，善于分析思考，他治学态度严谨，博访前故，远稽昔典，搜集自古以来的大量文献资料和观测记录，并对之进行系统深入的分析研究，从前人的科学思想和成就中吸收了丰富的营养。他不虚推古人，富于批判的精神和探索的勇气。他在掌握大量资料的同时，坚持实际考核验证，既发扬了前人的成就，又纠正了前人的错误。他横下一条心，用心求索，攻克了一个又一个科学难关。

> 祖冲之这种求是创新、勇于探索的精神，不仅是一切科学家和改革家所应具备的宝贵品格，也是中华民族一以贯之的民族精神。

范缜创立《神灭论》

范缜（约 450—515），字子真，南乡舞阴（今河南泌阳西北）人。他继承和发展了先代的朴素唯物论，成为中国南北朝时期齐、梁间杰出的哲学家、无神论者。

范缜很小的时候，就失去了父亲，少年时，跟从当时的名儒刘瓛读书，博通经籍，尤精《三礼》。他读书善于思考，喜欢把平时观察所获得的经验，熔铸于思想当中，对任何一种思想和见解都不迷信盲从，他性情刚直，为人不虚与委蛇，心里怎么想的，嘴上就怎么说，从不掩饰自己的观点和主张，常说一些令人吃惊的话，与流俗的见解相左。南朝齐时历任尚书、殿中郎、领军长史、宜都太守等职。曾以文学出使北魏并游于竟陵王萧子良门下。入梁后，先后任晋安太守、尚书左丞、中书郎、国子博士等职。他的任官履历在他那惊世骇俗的思想言论面前倒显得黯然失色了。

宗教是被压迫生灵的叹息，是无情世界的感情。魏晋南北朝时期，百姓受尽统治阶级的压迫、剥削，长期的战乱又给百姓带来了无穷的灾难，这种情况造成了宗教流行的土壤。

自东汉明帝时传入中国的佛教，在这一时期广泛流行。佛教宣传人的肉体死亡，灵魂永在，可以转生来世。如果今生能忍受痛苦，虔诚信佛，把财产尽量施舍给佛寺，死后就会上天堂，来世可以得幸福。贫苦的百姓为了摆脱现实的烦恼，崇信佛教；各族统治者为了巩固统治和获得精神安慰，也有意识提倡。后赵重用佛图澄，前秦苻坚重用释道安，后秦姚兴重用鸠摩罗什，南燕慕荣德重用僧朗，这些名僧都可以参决国家大事。

由于统治者大力提倡佛教，使佛寺遍及各地，僧尼多到惊人的程度。北魏时，寺院有三万所，僧尼有二百多万。在南方，佛教也在传播。梁武帝时，一度把佛教定为"国教"，梁武帝萧衍本人也曾三次舍身童泰寺，大臣们花了好多银两，才把他赎出。当时仅建康城（今南京）就有寺院五百多所，僧尼十余万。寺院的僧尼们不事劳作，却占有大量土地，获得了大量钱财，使本来就无计可施的百姓更加贫困，也耗蠹了国家巨万财富；统治者崇信佛教，使政治更加腐败。范缜目睹"浮屠害政，桑门蠹俗"的沉沦局面，便立志破除时弊，展开反佛斗争。

范缜任职于南朝齐时，曾在萧子良西邸公开发表自己的反佛言论，大力宣扬无佛。信佛痴迷的竟陵王萧子良问他："你不信佛，不信因果报应，那么，你怎么解释人世间有的人富贵，有的人贫穷呢？"他说："就像树花一样，随风飘落，有的落在茵席之上，有的堕入溷厕之中，落在茵席上的是殿下您，落入溷厕中的是我，贵贱贫富虽不一样，可因果在哪里呢？"萧子良见说服不了他，就召集众僧、"学士"来批驳他，他始终不屈服。萧子良又派王融对他威胁利诱，王融说："你坚持神灭论，是损伤名教，将为世俗所不齿；像你这样有才学的人，不怕做不到中书郎的高官，何苦固执不化，误了自己的前程呢？"范缜大笑答道："我坚信我所认识的事理是正确的，如果我忍心卖论取官，再大的官也做到了，何在乎你说的那个中书郎！"

梁建国后，梁武帝于504年（天监三年）把佛教定为国教。范缜这时还是不停地宣传神灭论，不久，梁武帝萧衍发动了一次更大规模的围攻，欲使范缜屈服，放弃真理。

梁武帝摆出以理服人的儒雅风度，在《敕答臣下神灭论》中说："欲谈无佛，应设宾主，标其宗旨，辨其短长。"仿佛范缜的无神论观点是无根无据的无稽之谈。梁武帝以君主的威严不无恫吓地说："神灭论是违背经书悖谬祖先的，这一套言论应该停止了。"

面对崇佛派的学术围剿和梁武帝的恫吓，范缜不但没有屈让，反而勇敢地接受了挑战，经过认真地思索，用自设宾主的问答体裁，写出了著名的《神灭论》，比较全面系统地论述了形神相即、形毁神亡的道理。

首先，范缜针对佛教宣传人死后灵魂离开肉体独立存在的谬论，提出了"形神相即"的观点。他认为，人的形体和人的灵魂（精神）是密切联系，不可分割的，神离不开形，形也离不开神。所以人的形体存在，人的精神就存在，人的形体消亡，人的精神也就消亡了。他进一步指出："形体，是精神的本体；精神，是形体的功用。"换句话说，就是形体是精神赖以存在的前提和基础，是第一性的；精神是形体产生的作用，是第二性的。范缜举例说，形体和精神，就像刀刃和锋利的关系一样，没有刀刃就没有锋利，形体死亡，精神作用也就不存在了，准确而又生动地解释了形神之间的依存和区别的对立统一关系。

其次，范缜认为：万物虽各有形质，但并不是任何物质形体都有精神活动，只有活人的形体才有精神作用。他说："木头的本体是无知的，人的本体是有知的，死人的本体和木头的本体一样，也是无知的。"所以也就不会再有一个离开肉体的精神活动。

范缜还认为，人的精神活动分为"知"、"虑"两个部分，同时指出"知"、"虑"虽有不同，但因为同是人的精神活动，所以也可以说"知即是虑"。但是不管哪一种精神活动，都以一定的生理器官为基础，痛痒、视、听是以体、目、耳为基础，判断是非的思维活动是以"心"（那时还不知是脑）为基础。他说"心病则思乖"，即是说人的精神上出了毛病，就会想象出超乎寻常的荒诞情景。可见人的精神作用是建立在人体器官这种物质上。这样，佛教宣扬的形神分离、形亡神不灭的唯心主义观点就站不住脚了。

范缜的《神灭论》一出，统治阶级大为震动。梁武帝发动王公大臣60多人写了75篇文章围攻范缜，范缜坚持自己的观点，始终没有退却。他面对众多的围攻者，唇枪舌剑，驳得那些人目瞪口呆，哑口无言，还有很多人从崇佛信佛的立场上站到了范缜一边。

范缜的唯物主义无神论思想，超过了前人所有的成就，达到了当时所能及的高度。他坚持真理，毫不畏惧，勇于探索的精神和斗志，是难能可贵的，他创立的神灭论对后来唯物主义的发展产生了很大的影响。

郦道元作《水经注》

郦道元（466 或 472—527），字善长，范阳涿鹿（今河北涿州市）人，他是北魏时期杰出的地理学家、散文家，一生勤奋好学，既周览典籍，又重视实地踏查，为后世留下了不朽的地理学专著——《水经注》。

郦道元少年时，喜好读书，尤其喜欢读那些记录山川地势、风俗人情、掌故传说一类的书籍。他常常在梦中游历那些名山大川，山势的险峻雄奇，江河的汹涌巨涛，常常使他在梦中惊醒，他幻想着有一天能走遍神州的山山水水，那些奇山秀水、历史掌故及优美的传说多么令人心驰神往啊！还在很小的时候，他就跟随他的父亲去了山东，后来长大了，又先后在山西、河南一些州郡任地方官。所到之处，他搜集地图，按照地图所示，亲自到旧址遗迹踏察；每到一处，就造访该地的大江和河渠。连绵不尽的河水，使他兴奋地去追索着它的昨天，追索它的青春、它的幼年，去探究它滥觞的渊泉，去寻觅它走过的每一个足迹。

郦道元每到一处，都对当地的地理情况进行详细的记录。他虽然生活在北魏统治地区，但对全域甚至域外的地理情况也非常关注。他深感神州的山山相连，水水相通。在从事地理研究和考察的过程中，郦道元逐步觉察到以往的地理著作，诸如《山海经》、《禹贡》、《周礼·职方》、《汉书·地理志》等，在记述山川地理情况方面，都失之简略，都赋一类的作品由于体裁的限制，更不能畅述达意，比较著名的《水经》，虽然记载了很多大川水渚，但都极粗略，属于纲领性的记载，而且只记述水道，至于水道以外的其他地理情况，罕记一二。

郦道元清醒地认识到，地理现象是在不断变化着的，随着时光的流逝和年代的推移，人们对于上古地理情况的认识已很渺茫，加上部族的迁徙，城市的兴亡，河道的变迁，地名的更换等，地理情况发生了复杂的变化，正所谓沧海桑田。历史上的著作，已经不能满足人们现实的需要了，他还觉得把历史上的地理变迁尽可能详细地记录下来，可备遗忘，可订正舛误，也可以方便查阅，减轻不少翻阅史卷的麻烦，这是十分有益的事。因此，郦道元决心写出一部超出前人而又有益后世的地理学著作。

在郦道元以前的三国时期的桑钦所写的《水经》一书，简要地记述了全国137条水道。郦道元以《水经》为蓝本，经过艰苦的努力，最后著成了描述全国地理情况的《水经注》。

《水经注》的内容十分丰富，郦道元以大量的地理事实详注《水经》，并系统地进行了综合性的记述，既赋予地理描写以时间的深度，又给予许多历史事件以具体空间的真实感。书中以河道水系为纲，详细地记录了河流流经地区的地形、物产、地理沿革等，尤其对于河流分布、渠堰灌溉，以及城市位置的沿革记述最为详细，而且具有清楚的方向、道里等方位和数量观念。全书在一定程度上反映了当时的地理面貌。有些地区我们可以依据《水经注》较真实地复原一千四五百年前的地理情况，对现今的经济建设仍有一定的参考价值。

《水经注》共计40卷，记述的河流水道比《水经》所记述的多出1115条，注文20倍于原文，约达30万字，所引用的书籍达430多种。如果没有长期的资料积累和深入广泛的实际踏查，何以做到这一步！《水经注》对地理情况的记述，纵横交错、泾渭分明、描写生动、文字优美，可以说《水经注》是一部兼有文学和史学价值的地理名著。如果没有精熟的构思和非同寻常的文字锤炼功夫，又何以至此！

只可惜！这位杰出的地理学家后因执法严峻并弹劾汝南王元悦，遭元悦嫉恨，于 527 年受谗言加害，被雍州刺史萧宝夤杀害。执着求索真善的理想在宦海中换来的却是生命的代价！

贾思勰研究农业

贾思勰是山东益都（或其附近）人，是北魏末年杰出的农业家，在中国古代农学发展史上占有重要地位。

贾思勰生活在北魏政权由兴盛转入衰亡的时代，曾在北魏王朝做官，任高阳（治今山东淄博市临淄西北）太守。他亲眼看到北魏孝文帝改革，北魏政权比较稳定和社会经济比较繁荣的景象，也亲身经历了北魏政权的衰落，并为北魏的没落深感担忧。他读了许多儒家经典，继承了儒家学说中有关治道的合理因素。他认为先贤所讲的"民为贵，君为轻"，"仓廪实而知礼节，衣食足而知荣辱"并非虚言，要想使政权稳固，社会安定，必须发展农业生产，使百姓丰衣足食，安居乐业，否则将会产生难以预料的隐患。在为官期间，他引证历史经验，多次建议北魏政府，向历史上提倡劝课农桑、对农业生产做出贡献的人物学习，注意发展农业生产，做好"安民"工作，以稳定和巩固封建政权。他认为要搞好农业生产，必须对以往的农业生产加以认真的总结，从而指导农业生产。为了对以往农业生产经验进行很好的总结，他做了大量的扎扎实实的工作。

首先，他对《氾胜之书》、《四民月令》等大量的前人农学著作给以反复的钻研。对于前人的经验，他不采取轻信的态度，而是要"验之行事"，在实际生产中去检验，在实际调查中去修正、补充。他广泛地考察了今河南、河北、山东等地的农业生产实际，像古时候朝廷派到民间采风的官吏一样，把各地及沿途中所听所传闻的有关农业生产的歌谣、农谚搜集起来，虚心地向那些长期从事农业生产的老农夫询问求教。日积月累，不仅掌握了丰富的第一手资料，还对先代农学家的经验给以一定的修正和有力补充。

贾思勰也曾从事过农业生产，在生产中也积累了一些经验。这些都为他写作一部总结性的新农术提供了可靠的资料来源。经过辛勤的努力，贾思勰终于撰成了《齐民要术》这部农书。

《齐民要术》一书，所征引的书籍达 156 种，共 10 卷 92 篇。内容包括土壤整治、肥料施用、精耕细作、防旱保墒、选种育种、粮食与蔬菜作物栽培、果树培植和嫁接、畜禽饲料和畜禽医治、食品加工和储藏，以及野生植物利用等。充分地反映了当时我国北方农村生活状况和社会经济状况，为中国古代不朽的农业科学巨著。

在农学思想上，贾思勰的一系列见解，也对以后的农业生产产生了深刻的影响。

从农业典籍和生产经验的搜集、整理和研究中，贾思勰认识到，气候有一年四季的变化，土壤也有温、寒、燥、湿、肥、瘠的区别，农作物的生活和生长既有其自身的规律，又因时因地而各有所宜，要获得农业生产的好收成，就必须了解农作物的生活规律和所需生活条件，顺应农作物的生长要求。

他继承了中国农学注重天时、地利和人力三大要素的思想，特别强调农业生产的基本原则："顺天时，量地利，则用力少而成功多。任情返道，劳而无获。"要求人们掌握农作物的生活和生长规律，依据天时、地利的具体特点，合理使用人力。否则，违背客观规律，将造成"劳而无获"的结果。这一基本思想贯穿于《齐民要术》全书始终。

但是，贾思勰并没有要人们仅仅被动地去顺应天时、地利。他对人力的作用非常重视，要人们在掌握农作物生长和天时、地利关系的同时，能动地利用"地利"，创造农作物的最佳生活环境，并采取各种促进农作物生长的经营管理措施，以求获取更好的收成。在经营田地时，他要求根据人力情况，合理安排，在《齐民要术》各篇中，贾思勰都着重地介绍和评述如何合理利用人力、物力，搞好经济管理的重要性。

这种把天时、地利、人力有机地结合起来，强调因时制宜、因地制宜、精耕细作、合理经营的思想，在中国古代农业生产中占有深刻的影响。

《齐民要术》，顾名思义，就是治理百姓的重要方法。贾思勰能把政治问题、社会问题同经济问题，具体地说是农业生产问题，联系起来加以考察，并能对农业生产经验进行专门探索，他的思想可谓博大精深。这种贯穿古今综合各类的探索方法，为后人进行科学研究和探索提供了宝贵的经验。

祖莹映炭夜读书

祖莹，字元珍，北朝范阳遒县（今河北涞水县北）人。他出生在世代做官的人家，小时候既聪明又勤奋，8岁就能背诵《诗》和《书》，并且还会作诗写文章。亲属们都称赞他是"圣小儿"，意思是小神童。

据《魏书》记载，祖莹读书非常刻苦。他总觉得白天的时间不够用，因此常常夜里攻读。父母怕他累坏身体，多次阻止，不让他夜里看书。但他学习如饥似渴，觉得晚上不读书太可惜，父母也为这事常犯愁。

一天，父母把家里的灯盏、烛台都藏了起来。祖莹知道这是父母不让他夜读，就悄悄地把火拣在小炉子里，然后盖上一层薄薄的灰。一到夜晚，他拨开灰层，将炭吹红，再用衣服被子把窗户遮上，不让光线透出去。就这样刻苦攻读，博览群书。

为了学到更多的知识，他又拜当时的中书博士张天龙为师，学习《尚书》。祖莹投师后，学习更加刻苦用功。有一次，老师清早就要给同学们讲《尚书》，祖莹由于读了一夜书没有睡觉，昏头昏脑地把另一个同学的一本《曲礼》当作《尚书》拿去上课。到了课堂才发现自己拿错了书，可是老师很严格，他不敢回去换书，只好硬着头皮听讲。这堂课刚好老师叫他读《尚书》。由于祖莹平时非常努力，早就会背《尚书》了，他虽然没带课本，可是凭自己的记忆，照样准确地把《尚书》背诵了3篇，一字不漏。

北魏当政人物很注意这个远近闻名的"圣小儿"，就选拔他去做"中书学生"。这使祖莹获得了更好的学习环境，加上他刻苦不懈地攻读，长大后终于成了一个很有知识的学者。他才华出众，远近闻名，很受当时皇帝的赏识，被任命为太学博士、殿中尚书、车骑大将军，并有文集流传于世。

欧阳询三临碑刻

欧阳询，唐朝著名书法家。

欧阳询小的时候，就十分喜欢书法。尤其喜欢王羲之、王献之的书法。

一天，他在一家文房用品店，发现了一本《指归图》，不由得心中十分欢喜。因为这是"二王"书法入门之书，非常难得。

"店家，我想买这本书，要多少钱?"欧阳询问。

"看得出来，您很喜欢这本书，我可以少要点儿。"老店家算了一下，为难地说："这本书原本是很贵的，少算也得三百缣（注：缣，当时代替流通的货币），怎么样?"

"店家，您要的虽然不多，价格也算便宜，但我确实没有那么多钱，现在只能付您一部分，余下的分期付给您行吗?"欧阳询以商量而又十分为难的口气说。

店家见他诚恳，对书爱不释手，又是常来的主顾，于是爽快地说："可以! 可以!"

几十页的《指归图》，欧阳询竟研究了一个多月，解决了他在书法研究和实践中产生的许多困惑不解的问题，使他一下感到豁然开朗了。

王羲之、王献之的书法，造诣高深，可是他们的源头又在哪里? 欧阳询又开始了对这个问题的探讨。

一次，欧阳询外出途中在一座荒废的古庙前发现一块碑，便停下观看碑刻，字体很好，看到落款，才知道是晋代著名书法家张芝的弟子索靖所写，很令他赞叹！

走了一段路后，欧阳询又想到刚才看过的碑刻，头脑里竟没留下印象，感到十分遗憾。这条路以后也不会再走了，不行，应该回去再看一下。想到此，他又快马回到古庙，认真地从前到后看了几遍，觉得字的结构、笔势等方面安排很有章法。这时，天色已经不早，他不愿离去而又不得不离去了。

欧阳询骑在马上，一边走一边想着那碑上的字。有的书中说索靖的书法像"高山中裂，水势悬流"，真是名不虚传！难怪书法名家评他的字"妙有余姿"，极富变化。欧阳询一边想，一边用手指就比画了起来。可突然又停住了，有个字的运笔方式怎么也想不起来了。还有几个草书不像草书，还带些隶书意味的字，是怎么收笔的？全都忘了。他不由得勒住了马。

"不行，还是印象不深，没记住。"他想，"晋代以来，北方这种古碑很少，我纵然下次再路过这里，说不定这碑还不在了呢！唉，机不可失！"他又一次调转马头，回到古庙。这时，天色已晚，碑上的字已很难看清了。欧阳询只好从马背上卸下行李，准备过夜，等待天明再看。

欧阳询一连看了3天，总算把全部碑文从整体到细节，都进行了细致地研摹，融为己有，才满意地离开古庙。这回他不但记住了碑文的布局、气势，甚至连笔画、结构、笔势等也都尽皆形神在心。他不但学到了索靖的书法，而且，还摸索到了书法发展联系的一些线索。

欧阳询经过刻苦钻研，在总结各家所长与传统的基础上，创造了具有自己风格特点的，有如金刚瞠目、力士挥拳、戈戟轩然、笔力刚劲的"欧体"。欧阳询的书法楷书，被称为唐代第一，对后代书法影响很大，为我国书法发展做出了很大贡献。

孙思邈解百姓疾苦

　　孙思邈，唐代名医，民间所信仰和供奉的药王爷。他本是雍州华原（今陕西耀县及其东南一带）人。他从七岁开始读书，将近成年，喜谈老庄及百家之说，也喜谈佛学。北周宣帝时，王室多生事故，政局不稳，思邈不愿出仕，遂隐居太白山，成为道士。他曾对自己的父母说："再过五十年，当有圣人出世，到那时我可以出山，为人治病或做些有益于人民的事。"入唐以后，唐太宗和高宗都曾征召授官，可思邈仍是坚辞不受。上元年间他抱病请归，唐高宗赐给良马一匹，并又将鄱阳公主故宅赐给他居住。

　　年轻的诗人卢照邻，患有风湿病，求孙思邈治疗，留居思邈住处。照邻深知思邈历史知识渊博，通古今之变，精阴阳数术之学。按当时卢照邻所见的孙思邈已是百岁上下高龄的老人，可他耳不聋，眼不花，而且精神焕发，真可谓是个聪明博达、长生不老之人。

　　孙思邈坚信"人有可治之疾，天有可消之灾"。据传孙思邈得昆明池龙宫仙方三十首，为人治病，方方均见奇效，后来总结治病经验而著《千金方》一书，多以动物昆虫入药。相继又多以草木为药，著《千金翼方》三十篇，每篇皆附龙官仙方一首，传之于后世。

孙思邈是什么时间离开人世，不易考究。

传说安史之乱后，唐玄宗李隆基逃避西蜀，就在他暂避此处的时候，有一天梦见一位白须老者，身着黄色上衣，前来拜见唐玄宗道："臣孙思邈，结庐峨眉山多年，今天听说皇帝銮驾幸临成都，故来谒拜。"唐玄宗说："朕久闻先生大名，今先生不远而至，必有所求。"孙思邈说："臣居云泉，好服食金石之药，闻此地盛产雄黄，请皇帝赐臣八十两，望速遣使送至峨眉山来。"唐玄宗梦中应诺。悸然醒悟，马上派侍臣陈忠盛持雄黄，前往峨眉。陈忠盛奉诏，不敢怠慢，所持雄黄，斤两不亏，急奔峨眉而来。当他行至屏风岭时，忽见一老叟，貌甚俊古，穿一身黄衫，立于岭下，对前来的陈忠盛道："你是大唐天子派来的使臣吗？我就是孙思邈。"

陈忠盛应诺，急忙拜道："皇帝命我送雄黄八十两给孙先生，万望笑纳。"那老叟躬身接过雄黄说："孙某蒙天子大恩，今有表谢。"一时山居无翰墨纸张，陈忠盛命随从拿出笔墨，未及纸张铺好，那老叟指一石说："表已写就，刻于石上，君可抄录下来，上呈天子。"陈忠盛等人一看那石头上果然有红砂所镌百余大字，真是《谢表》，遂令人誊写完毕。此刻工夫，一转身，那老人与石俱不见踪影。忠盛等人打马下山，将此事闻报玄宗，唐玄宗因问所见那老叟之相貌与衣着，果与唐玄宗所梦相同，唐玄宗甚觉稀奇。

自此以后，孙思邈在蛾眉一带云游四方，时隐时现。咸通末年，峨眉山下，一民家小儿，十余岁，不食荤血，他的父母表示乐善好施，将这孩子送给白水僧院为童子，服侍方丈，亦学禅诵经。

一天有一个客人来到此地，那客人自称为孙处士，随手从袖中掏出汤末一把，令童子如煎茶一样，将汤末熬煎。待童子熬好之后，孙处士稍饮一口，余者皆令童子饮尽。那童子颇觉汤味极其鲜美，下肚后，心胸顿觉舒朗宽畅，赞羡不已。

孙处士说："这本是专门为你送来的。"说毕处士出门远去，那童子乘汤之美兴，突地腾空而飞，众人闻见，无不惊异，再环视僧寺院中，那熬汤之器皿，早已化为金。从这以后，常有人看见孙思邈经常云游于峨眉山一带。

孙思邈云游峨眉山的故事，毕竟是传说，他老人家虽然长寿，也未必能活到天宝乃至咸通年间。而唐玄宗的梦幻更为虚妄。但它反映出人民的愿望：像孙思邈这样为人治病，解除人民病苦的人应该长留人间。

玄奘历险取佛经

　　玄奘，俗名陈祎，洛州缑县（今河南偃师县）人，唐朝著名高僧，中外文化交流的卓越使者。

　　玄奘幼年时期，家境十分贫寒，11 岁就出家当了和尚。但他勤奋好学，经常到各地听高僧讲学。

　　玄奘 32 岁的时候到长安，拜名僧为师，深入钻研佛教各派经典。一天，天竺国一位高僧来到长安讲经，介绍天竺的那烂陀寺有位戒贤法师很有学问，对佛教各派学说都有精深研究。玄奘决心去天竺向戒贤法师学习。

　　玄奘 34 岁的时候，只身一人离开长安去天竺，当时的交通很不方便，到天竺的路途又非常遥远，艰难险阻数不胜数。但玄奘抱定了舍身求学求法的决心，没有为艰难困苦吓倒，只身一人踏上西进天竺的征途。

　　一天，玄奘走进了大沙漠，这里不仅人烟绝迹，就连鸟兽的影子都看不见，只有他一个人在艰苦跋涉。走了一天，他感到十分疲劳，就下马歇息，取下挂在马鞍上的皮囊想喝口水。不料，一时不小心，皮囊掉到了地上，仅有的一皮囊水全洒在了沙漠里，他十分懊悔。于是，决定回去取水，拨转马头，向东走了十几里路。这时，他想起：出发前立下誓言，不到天竺绝不向东后退一步，现在怎能因水而东退呢?! 他又立即调转马头，继续向西北行进。虽然他渴得要命，可还是连续走了 4 夜 5 天，滴水未喝，嘴都干裂了，头也常常发昏。就是在这样难以忍受的困苦中，走出了沙漠。像这样的困苦，在他西进的路途中是数不清的。

玄奘历尽了千辛万苦，冒着数次生命的危险，用了 4 年时间，行程 5 万里，沿途拜访了 16 个国家的名僧求法，终于到了北天竺摩揭陀国的那烂陀寺。

玄奘拜印度著名的佛学大师戒贤法师为师，学习《瑜伽师地论》。戒贤法师虽然年事已高，多年不讲经了，可是却特地为玄奘开讲，一连讲了 15 个月，经过刻苦努力，玄奘很快掌握了天竺佛学的要义。那烂陀寺有僧众一万多人，其中通晓经论 20 部的只有 1000 多人，通晓 30 部经论的只有 500 人，通晓 50 部的连玄奘在内只有 10 人。全部通晓的只有戒贤法师一人。玄奘起早贪黑，刻苦钻研了 5 年，终于通晓了全部经论，成了很有学问的佛学大师。

玄奘并没有就此满足，他又到印度的其他一些国家继续学习，学识更加渊博。经过 6 年的学习后，玄奘又回到了那烂陀寺。戒贤法师叫玄奘主持讲席，给全寺僧众讲经。一次，有个婆罗门教徒，写了 40 条经文，挂在那烂陀寺门口，高傲地宣称："如果有人能破我一条，我甘愿把头砍下来认输。"几天过去了，没有一个人敢和他辩论。这时，戒日王请求玄奘出来驳斥那个异教徒。玄奘叫人把寺院门口所挂的 40 条经文取下来，请戒贤法师等做见证人，把那个婆罗门教徒驳得哑口无言。婆罗门教徒最后只好低头认输，请求履行前言。玄奘笑着说："佛门弟子是不杀人的，你就留在我身边做杂务吧。"这个婆罗门教徒高兴地顺从了玄奘。

642 年，印度的羯若鞠阇国首都女城，举行了一次规模盛大的佛学学术辩论会。参加会议的有印度 18 个国家的国王，熟悉佛教教义的 3000 多僧人，那烂陀寺的 1000 多僧人，还有很多其他方面的人士。这是印度文化史上一次有名的盛会。大家一致推举玄奘为论主（主讲人），玄奘在大会上宣讲了他的佛学论文，并由人抄写一本，悬挂在全场门口，供大家讨论。会议开了 18 天，无一人提出疑问。大家对玄奘都很佩服，公认他是第一流的佛学学者、大师。散会那天，按照印度的传统，请玄奘骑上装设华幢的大象游行一周，表示对他的尊敬。从此，唐僧玄奘的名声传遍了印度。

645 年，50 岁的玄奘回到了长安，朝廷和人民都很敬重他。千百年来，玄奘历尽千辛万苦、舍身求法的献身的精神，一直受到人们的崇敬和传颂。

刘知几探索史学

刘知几（661—721），字子玄，彭城（今江苏徐州）人。他是唐代著名的史学家，也是中国古代史上杰出的史学评论家。他所著的《史通》是中国第一部比较系统的史学评论专著，在中国史学史上占有重要的地位。

刘知几诞生于世禄之家，有着良好的家学渊源。他的祖父刘胤之、父亲刘藏器都是通晓经史之士。刘知几自幼便习经游艺，博览群籍。刘知几很有个性，在读书方面，不唯命是从、依样画葫芦、盲目因循，而是依性情学习，以理解为快，在理解基础上展开学习。

17岁时，他读遍了唐以前的各代正史和实录，并注意到了"古今沿革，历数相承"的问题。

20岁科举试中后，任获嘉县主簿，有不少时间读史。他如饥似渴地阅读从官府和个人手中借来的史书，扩大了自己的历史知识，增长了对史学的认识，并有了不少心得。如认为班固的《汉书》不该立《古今人表》，谢沈的《后汉书》应该为更始皇帝刘玄立"纪"等。当时的一些学者听说此事，都认为他年少轻狂，胡言乱语。但刘知几仍坚持自己的见解。他带着批判的眼光去批史书，研核史学，这种学术性格，为其日后在史学上的建树提供了主观条件。

刘知几过了不惑之年，才开始担任史官。先以著作郎兼修国史，不久迁居左史，编撰起居注。担任史官，对具有浓厚史学兴趣和较高史学修养的刘知几来说，可谓用得所学，任当其职了。刘知几立志成就足以惩恶劝善传诸不朽的良史，然而事实并非如他想的那么完美，那样随心所欲。监修国史的官员，既不晓疏通知远之旨，又不娴属辞比事之法，指手画脚，摘取名誉。而且，监修又不止一人，他们之间意见又常常不一致，使亲自编写的人不知道如何是好，加之世家大族对修国史横加干预，要尽快修成国史是很难的，倔强的刘知几经常和监修争执，自己的见解得不到监修的采纳，于是，刘知几为了实现自己的愿望，便私下著《史通》，从而走上了史学批判的道路。

《史通》，对唐以前的史学进行了全面而深入的探讨。建立了体用统一、文质相济的史著理想模式。在史书体裁上，对以往各家各派的史书体裁进行了分析和比较。认为断代纪传体是史书内容赅备和维持一代之史完整的形式保证。刘知几重视义例，以求得史学目的和史书编纂方法的统一，他把儒家名教观念作为义例的本质。在史书内容上树立了真实、赅备两条重要标准，在史书的整体结构和叙述上，追求爽洁和凝练的风格，把史用贯穿于史书编纂的各个环节中。

刘知几还阐释了史兼"三长"、直书为贵的史家修养论。他一方面继承了孔子、孟子、班固、范晔等先代史家开列的"文"、"事"、"义"等范畴，并把它提升到史家主体这一层次来探讨，另一方面又袭取了刘邵《人物志》中提出的兼才三品的形式，对史学家提出了才、学、识三个方面的要求。在他看来，"识"是既相对独立又贯穿于"才"、"学"之中并起统帅作用的主导要素。

刘知几还提出了兼善忘私、因俗随时的史学承创原则。这两条具有鲜明时空性的原则，既是他于历史人事的评价原则，又是他在史学领域继承和创新的原则。它们冲击了泥古的积习和主观任意的偏见，具有一定的开放性。

刘知几是对唐以前史学加以系统总结的第一人，对史识和史学的功能起了澄清和扶正作用，为唐以前史学落下了帷幕。他维护史学的客观性，重视和强化史学的经世功能，和唐以后史学重制度、求沿革的脉搏是一致的。尤其他强调史家自身修养，促进了史家自我意识的觉醒，这构成了唐以后史学的一个潜在的变奏。所以从思想精神的取向上看，刘知几的史学批判是继往开来的史学驿站。

刘知几在史学上能有如此巨大的成就，是和他在史学的园地里、基于理性、追求真理勇于探索的勇气和韧劲密不可分的。面对浩如烟海的史籍，他不畏难；监修和世家大族的淫威，他不惧怕；奉为圣人的"至理名言"，他也实事求是地加以分析、批驳，写出了"疑古"、"惑经"等闪烁理性光芒的奇文卓篇。

刘知几追求真理的勇气和敢于探索的精神，是永远值得我们继承和发扬的。

吴道子蒸饼悟画

吴道子，阳翟（今河南禹县）人，唐朝著名画家。

吴道子自幼孤贫，爱好学习。为了学习书法，他历尽千辛万苦，只身到浙江、江苏向书法家贺知章、张旭求教，未取得进步。后改学绘画，虽遍访名师，仍无成就。两次失败，使他有些心灰意冷。

一天，他来到一座庙宇，看见庙前有一个妇女在卖馍饼。她后面左右两边又各有一位妇女。左边的在和面做馍，右边的用馍具蒸烤。左右两人相距丈许。只见左面的用面做成薄馍后，随手一扔，那馍滴溜溜地旋转着，不偏不斜正落在右边妇女的馍具内。右边的接馍后，一面烧火，一面翻馍。馍熟了，她用竹片一挑，那熟馍也飞起来，正好落在 8 尺外卖馍妇女的竹篮内。一块又一块，摞得整整齐齐。过路人看了，无不拍手叫绝，抢着来买馍。

这情景，把吴道子看呆了，好一会儿才回过神来。他走到卖馍人跟前，买了一块馍，随后问道："请问，卖馍大婶，飞馍的技艺有什么诀窍吗？"卖馍的妇女答道："这没有什么，只不过手熟罢了。天天烙，月月烙，日子长了，自然熟练了。"吴道子听了，顿觉豁然开朗，他领悟了一个道理："学习书法、绘画，也是同理，熟能生巧，功到自然成。"

从那以后，他更加勤奋，见山画山，见水画水，见人描人，见树绘树。到了 20 岁时，他就成了远近闻名的画家。

但他不满足于现有成绩，还要拜师深造。远学南朝画家张僧繇，近学当代画家张孝师。

工夫不负有心人。刻苦学习之后，他所画的人物，笔迹拓落，形姿雄劲，生动而有立体感。中年后，他的笔法变得更加遒劲、圆润。点画之间，时见缺落，有笔不周而意周之妙。后人因此把他和张僧繇并称为"疏体"。

吴道子在绘画上总是精益求精。他在长安、洛阳两地的寺观作壁画 300 余幅，无不是珍品。他所画人物的衣褶，飘飘欲举，后人称"吴带当风"。吴道子的山水画也自成一家，他曾在大同殿墙壁上，画出嘉陵江 300 余里山水，大笔挥洒，一天就画完了。

吴道子绘画的艺术成就，对后代产生了很大影响，后人尊他为"画圣"。宋朝苏轼说："画至吴道子，古今之变，天下之能事毕矣。"

吴道子持之以恒．熟能生巧的学画过程，对后人启示很大。

僧一行观测天象

僧一行（683—727），俗名张遂，魏州昌乐（今河南南乐县）人，他是唐代出自佛门的杰出科学家，也是中国古代佛教界的著名人物。

一行从小刻苦好学，博览经史，尤精于历象、阴阳，五行之学。武则天的侄子武三思羡慕一行的才学和名望，想跟他交结，千方百计地去讨好他。当时武三思结党营私、败坏朝政的恶名，世人皆知，但碍于武三思是皇亲国戚，没人敢指责他。一行不想和这类恶名传千里的人交往，便出家当了和尚，隐居在河南嵩山，师事普寂和尚。

睿宗即位，征他入朝，他以身患疾病推辞了，因为他看厌了世俗的夺权争利的丑剧，不愿投迹其中。尽管如此，他对天文、历象之学的兴趣仍始终未减。出家之后，他仍然勤奋攻读，为了精研数学，他曾长途跋涉前往荆州当阳山（今属湖北），随悟真和尚学习。

开元五年（717），唐玄宗强征一行入京（当时为长安，即今之西安）。当时的麟德历行用已久，误差很大，玄宗命令一行等人参考先代各家历法，编撰一部新历法。一行虽然很不情愿，但因具体工作正是他乐于钻研的，所以就非常认真地工作起来。

一行对前人的历法不是采取一些简单的增损修改，而是在前人的基础上，大胆创新。为了使历法与实际天象相符，他进行了一系列的实测工作，取得了很多实际资料，从而纠正了前人不少错误，把中国古代历法的制定工作提高到一个新的水平。

一行利用黄道游仪组织了一批天文学工作者进行观测，取得了一系列关于日、月、星辰运动的第一手资料，发现了恒星的位置与汉代相比较，已有相当大的变化。这个发现导致在他的历法里废弃了沿用长达 800 多年的 28 宿距度数据，采用了新的数据，从而有助于新历法精确性的提高。

一行从天文学的历史发展中，认识到日、月、星辰的运动是有一定规律的。通过细心的观测，可以初步了解这些规律，但因人们认识水平所限，对这些规律的认识还有一定的局限性，所以根据这些规律推算出来的结果，会与实际观测存在误差。从实测中可以修正认识的不足，通过反复观测、修正，就可以得到比较正确的认识。这一思想是非常可贵的。一行正是在这种思想的指导下，从事天文学的工作，并突破了前人的成果，取得重大成就的。

为了使新编的历法适用于全国各地，一行领导进行了一场大规模的大地测量。他还发明了一种名为"复矩图"的测量仪器，供测量之用。测量地点共选择 12 处，分布范围到达唐朝疆域的南北两端，测量内容包括每个测量地点的北极高度，冬、夏至日和春、秋分日太阳在正南方时的日影长度。其中南宫说等人在河南的白马、浚仪、扶沟、上蔡 4 处的测量最重要。这 4 个地方的地理经度比较接近，即大致上是在南北一条线上，南宫说等人直接量度了 4 地的距离，测量的结果证实了自何承天起就被否定了的汉以前关于"南北地隔千里，影长差一寸"的说法，这是纯属臆测的。

一行从实测中得出了南北两地相差 351 里 80 步，北极高度相差一度的结果。我国古制为一里等于 300 步，一步等于 5 尺，一周天为 365 度又 1/4 度，换算为现代单位，即为南北相距 129.22 公里，北极高度相差一度。这实际上就是地球子午线一度的长度。与现测量值一度长 111.2 公里相比较，虽有较大的差误，但这是世界上用科学方法进行的第一次子午线实测。

从实测和对前人谬说的批判中，一行初步认识到，在很小的有限空间范围得到的认识，不能任意向大范围甚至无际的空间推演，这是中国科学思想史上的一个重大进步。

经过几年的准备，一行从公元 725 年着手编修新历，公元 727 年写成了大衍历草稿，也就在这一年他去世了。

大衍历以刘焯的皇极历为基础，加以发展，共分 7 篇（步中朔术、发剑术、步日躔术、步月离术、步轨漏术、步交会术、步五星术），内容和结构都很有系统，表明中国古代的历法体系已经完全成熟。在明末用西方方法编历之前，各次修历都效仿大衍历的结构。

在大衍历中，一行根据实测资料，对太阳系运动的规律作了比张子信和刘焯等人所做的更合乎实际的描述，从而在历法中把张子信的发现得到了正确的应用。

他的太阳运动表，即日躔表是根据定气编纂的，即他把太阳在一个回归年内所走的度数平分为 24 等分，太阳每到一个分点就交一个节气。由于太阳运动的不均匀性，所以两个定气之间所需要的时间是各不相同的。为了从数学上处理这个问题，一行创立了不等间距二次内插法。

大衍历在日月食和五星运动计算方面也都有较大的进步，如它考虑到视差对交食的影响，创立了一套计算视差影响的经验公式等，在我国历法史上占有重要的地位。大衍历推行后，陈玄景、瞿昙机和南宫说等人起而非难，但经天文观测的实际检验，证明了大衍历比麟德历和印度传入的九执历精密，是当时最好的历法。

> 　　追求理性，就能超越虚幻的信仰，探索科学，就会与理性为伴。一行作为古代杰出的科学家，尽管由于受到当时盛行的儒、道、释等思想的熏陶和影响，思想中充斥很多封建迷信糟粕，尽管他已是一个不问世事、遁迹佛门的僧人，但他执着地对属于科学的天文、历算进行探索，所以最终还是一个对社会有用的人，在科学史上立下了不朽的功勋。

李皋开仓济灾民

在我国古代，皇帝贵为天子，拥有至高无上的权力，就连他说的话都是"金口玉言"，不可违抗，如同法律一般。

在这样的社会中，尽管谈不上拥有法治，但一些相关的规定还是非常严格，这样的规定不能触犯，更不能违反。

在当时，官员遇到重大事件，没有及时报请上司或是没有得到上司的批准，便自作主张擅自处理，往往会落得个"专擅"的罪名。要是恰巧遇到需要皇帝批准才能办理的事，那就更加麻烦了。这种情况需要等待皇帝下达"圣旨"，才能依旨行事。如果先行处理，往往会惹来杀身之祸。唐肃宗时期，有这样一个为救民于水火，不怕杀头，擅贷赈灾粮的好官，他就是当时深受百姓爱戴的父母官李皋。

李皋，字子兰，是唐朝皇室的后裔。他的祖父就死在武则天的手中，家里的壮年人统统被诛杀，小孩子也都被卖为奴。唐中宗以后，李皋家的爵位才得以恢复。

安史之乱以来，温州屡遭战乱，百姓家中均无隔夜之粮，百姓生活苦不堪言。李皋正是在这时候来到了温州任上，任温州长史，因为他措施得力，将温州境内管理得井井有条，没有多久就监管全州的政事。

李皋上任之初，温州境内出现少见的旱灾，情况十分严重，导致李皋所辖境内颗粒无收，一时间粮价暴涨，一斗米要卖数千钱。饥民们纷纷奔走相告，四处求粮而终无结果，眼看着有不少人饿死街头。但百姓们却不知道温州官府的粮仓里却存有数十万石粮食。但是李皋还在赴任的路上，谁敢轻易开仓放粮。

常言说的好，"多一事不如少一事"，怎样救济灾民是李皋的事情，在李皋没有到任之前，谁都不能轻易插手此事，更何况没有朝廷的旨意就开仓放粮，是要掉脑袋的，谁都承担不起这样的罪名。

李皋还未到任，便遇到这样棘手的事情，心急如焚。眼看着饥民饿死路旁，李皋顾不得多想，日夜兼程赶到州府衙门。

李皋带着满身的疲惫，顾不得换下满是尘土的衣服，直奔粮仓，砸开门锁，开仓放粮。他告诉手下人把仓门拓宽，开仓把粮食贷给饥饿的百姓。

听了李皋的话，手下的官员不由得惊出一身冷汗。他们深知此事非同小可，恐怕要惹来杀身之祸，于是纷纷劝李皋先奏报朝廷，再开仓发赈济粮。皇帝的旨意一下，开仓放粮就是顺理成章的事情了，但没有旨意，私自放粮就是死罪。

李皋看着跪在自己面前的官员，又回想起沿途饿死的百姓，含泪说道："看看这境内的百姓吧，再不开仓放粮，就会有更多的人饿死，诸位于心何忍，人命关天的大事，如何等得？"李皋愤然脱去身上的官服，接着说道："倘若杀了我李皋一人，能救活成千上万的百姓，李皋宁愿一死，以谢百姓！"官员们被李皋的话语所感动，和李皋一起开仓放粮。

事情处理妥当后，李皋马上上报朝廷请求处罚。得知此事的唐肃宗并没有治李皋的罪，反而嘉奖了他。由于李皋的措施得力，及时赈济饥民，挽救了数十万人的生命。

这样的事，在李皋的身上有很多，救民安民是李皋为官之根本。

　　唐贞元初年，李皋任江陵尹时，汉水古堤因为年久失修，紧靠古堤的两大片土地经常遭灾，导致田地荒芜，无人垦种。得知此事的李皋，组织百姓修堵古堤，重新得到了良田五千顷。为了使这片良田有人耕种，他允许流民自占田地，又在江南废州上盖起房舍，使得有二千余家百姓安居在此。

　　　　李皋虽身为皇族，但却深知百姓的疾苦，这与他的生活经历有着直接的关系。李皋体察民情，救民于水火的精神为后人所传颂。

韩愈百炼出华章

韩愈（768—824），字退之，是我国唐宋八大文学家之首，古文运动的领袖。

韩愈于公元768年出生在河南孟县（今河南孟州市）一个有学问的家庭里。他才3岁，父亲就死了，由哥哥收养。10岁那年，哥哥被贬官了，他又随哥嫂流落他乡。一路上，哥嫂经常给韩愈讲故事，希望弟弟将来能够成才，重振家业。因而讲得最多的是古人业绩及他们的故事，以激发韩愈的进取心。如周文王坐牢写了《易经》，左丘明双目失明写了《左传》，屈原被放逐写了《离骚》，孙膑被削去膝盖骨写了《兵法》，司马迁受了宫刑写了《史记》等。

当哥哥嫂嫂绘声绘色地讲完这些故事，对幼年的弟弟说："人生是短暂的，历史却是永存的。你应该把这短暂的一生用在学习上，虽不求显赫一时，也要有所作为呀！"古人逆境成才的故事和哥嫂的期望，使韩愈很受启发。"我也要当屈原、当司马迁……"在他幼小的心里，一股奋发向上的力量产生了。

他每天早晨公鸡一叫就起床，先到院中做一种名叫"八段锦"的体操，活动一下身体，然后回到屋里读书。他读书非常用功。吃饭没菜，他就拿看书来下饭。在读书中，每当遇到困难，他总是反复默读琢磨，或者向当地有学问的人请教，直到弄懂为止，从不退缩，从不浅尝辄止、一知半解。在学习的过程中，他能够由浅入深，循序渐进，而不是东学一本，西看一段。这样他完整地读了大量的诗书和史书。

随着时间的流逝，韩愈已经是一个风华正茂和有一定知识的青年了。他决定走出家庭，到社会上去锻炼成长。

由洛阳到长安学习的路上，大自然的景致美不胜收：连绵起伏的群山，一望无际的平原，奔腾东去的黄河，碧绿无涯的禾苗，使人流连忘返的名胜古迹，一幕幕地映入韩愈的眼帘，为他以后的诗文创作打下了一定的生活基础。

到了洛阳，他过着清贫的生活。为了博览群书，他"贪多务得，细大不捐"。为了"将求多能"，他"蚤夜以孜孜"，"口不绝吟于六艺之文，手不停披于百家之编"。他起早贪黑读书，有时读到后半夜才睡觉。严冬腊月，他也舍不得生炭火。砚台里的墨结成了冰，他就用嘴呵呵，等融化后再写；手冻僵了，搓搓手继续写；读书读得口干舌燥，喝口温茶继续苦读揣摩。他除了苦读、背诵、深思外，还勤奋地做读书笔记，他读不同性质的书有不同的笔记法，并坚持写出纲要。

19岁那年，他告别洛阳，来到京都长安。当时长安文坛上，有一个很有名气的人，叫梁肃。梁肃是主张用先秦、两汉的散文（习惯上称古文）形式写作的一个大作家。韩愈得知后，欣喜若狂，决定登门求教。原来，韩愈在读书中，早就发现先秦、两汉的散文，形式自由，语言活泼，有利于表达思想内容。他自然不放过求学的机会。可是，当他头几次去拜访梁肃时，却未被接见。他毫不灰心，仍然多次去拜访。后来，他的诚心终于感动了梁肃，梁肃接待了他。打这以后，他在梁肃的指点下，古文的水平提高更快了。

以后，韩愈更加积极地倡导古文运动和从事古文写作。无论是给皇帝的上书，给亲友的书信，还是政论文、传记、小品文、杂感等，都是按着先秦、两汉的散文要求，精心撰写。他写的文章的艺术性很高，雄奇奔放，感情充沛，曲折变化，流畅明快，在文坛上影响极大。因此，大家都爱读，而且学习他、模仿他的人很多。在他的倡导下，散文蔚然成风，深入人心，韩愈的名字也因此在文坛上永垂不朽。

韩愈能成为中华文坛上的巨匠，与他对文学的专心、苦心、恒心是分不开的，任何一个人没有对事业的这"三心"，都不可能有非凡的成就。

白居易少有所为

白居易（772—846），字乐天，出生于河南新郑东郭宅，是唐朝负有盛名的大诗人。

白居易的祖母和母亲都是有文化的人，他从小受到家庭的熏陶，很早开始识字，五六岁时就练习作诗，9岁已经懂得声韵。由于当时社会动乱，白居易11岁就离家出游，南北奔走，从小就接触了社会，看到了民不聊生的现实，并立下了改革政治，救济人民的大志，这促使他更刻苦地读书、写诗。

白居易白天学赋，夜间读书，还挤出时间写诗。他每学一课书，都要反复诵读，一直读到不仅能背诵，而且能深刻领会诗的意境。据说，他因读书读得太多，连嘴唇的皮都磨破了，生了很多疮；写字写得太多，连手臂上也磨起了一层很厚的老茧。他就是这样以坚毅苦学的精神，获得了少年有为诗人的美誉。

"离离原上草，一岁一枯荣。野火烧不尽，春风吹又生。"这是白居易9岁时作的诗，成为千古流传的佳作。

白居易15岁时，拿着自己写的诗稿到长安，向当时有名的诗人顾况请教。顾况一看白居易，心想："一个乳臭未干的毛孩子，能写出什么好诗来？"再一看诗稿作者的名字是"白居易"3个字，便哈哈大笑起来说："长安米贵，居可不易啊！"他根本没有瞧得起面前的诗人。但是当他读了上面那首诗时，不禁拍案叫绝："好诗！有这样好的诗句，居天下也不难啊！"他连忙起身重新以礼相待，再也不敢轻慢了。

白居易成名以后，仍然勤奋不息，继续下苦功夫作诗。他的诗以平易自然见长，但是平易不流于浮浅，自然不陷于庸俗。反复品味，足见作者在锻炼字句上所下的功夫。据说，白居易每作一诗，必先读给邻居家一个不识字的老婆婆听，问她："你觉得怎么样，能听懂吗？"如果老婆婆说听不懂，或说不好，他就反复修改。当时有人对他这个著名的大诗人向一个不识字的老妪请教很不理解，认为"俗气"。可白居易却不那么认为。他说："我写诗是给人看的、听的，如果人家看不懂、听不懂，那又何必写呢？"这足以证明了白居易创作时的严肃态度和刻苦精神。

正因为白居易作诗是这样刻苦认真，又能虚心向别人请教，所以他的诗读起来朗朗上口，通俗易懂，深为群众所喜爱。白居易一生作诗很多，流传至今的就有3000余首，他也成为中国历史上一位著名的诗人。

贾岛驴背思"推敲"

贾岛（779—843），字阆仙（一作浪仙），范阳（今河北涿州市）人，唐朝诗人。

他小时候，家境贫寒，落拓为僧，后还俗。曾任长江主簿，人称贾长江。著有《长江集》。他的诗注重锤炼，刻意求工。"推敲"的典故就是由诗句"僧敲月下门"而来。

唐朝贞元年间。有一天，贾岛又吟了一首诗："闲居少邻并，草径入荒园；鸟宿池边树，僧敲月下门。"题为《题李凝幽居》。吟完，又觉得最后一句不妥，想把"敲"字改成"推"字。斟酌良久，仍举棋不定。不知不觉，他骑驴来到京城长安街上，情不自禁地重复吟道："鸟宿池边树，僧敲——"当他吟到"敲"字时，停了一下，右掌朝前做了一个推门姿势，嘴里吟道："僧推——月下门。"紧接着又摇摇头，用右手食指做了个敲门的动作，随口吟道："僧敲——月下门。"周围的人见了，哈哈大笑，以为遇上了疯癫之人。

忽然，远处传来一阵急促的马蹄声和威严的吆喝声。围观的人立刻四散逃去。贾岛仍然沉浸在诗的"推"、"敲"中，毫无知觉。突然，有人把他从驴背上拉下来，捆了起来。这时，他才醒过神来：原来，竟闯进了官府的仪仗队。这可不是儿戏，要被治罪的呀！

贾岛立即被押到一位骑在高头大马之上的官员面前。原来，这位官员就是当时京城的地方长官、著名文学家韩愈。韩愈看到贾岛那副懦弱书生的样子，想他不是有意来闯仪仗队的。等问明了原因，便喜欢上了这位认真好学的青年，忙叫人给他松绑，请他回府细谈。

　　回府后，韩愈谈了自己的看法，说："你的诗题是《题李凝幽居》。幽居，谢绝外人，大门必然常闭。门若虚掩，可推门而入。既然常闭之门，而且又是夜里月下找人，应该是敲门。这才与幽居相应。"贾岛听了，顿时恍然大悟，连忙致谢。

　　韩愈留贾岛在他的府上住下来，教他写诗为文的章法。屡举不中的贾岛终于考中了进士，并成为当时著名的诗人。"推敲"也成为典故流传于世。

李贺呕心凝新诗

唐朝著名青年诗人李贺（790—816），字长吉，福昌（今河南宜阳西）人。

他父亲李晋肃是一个低级小官，但很重视家庭教育。在李贺4岁时，就教他读书识字；5岁时，又给他讲解诗文。李贺聪明早慧，又肯认真学习，所以进步很快，7岁就能写诗，他在青少年时期就写下许多优秀诗篇，后人曾称他是"天纵奇才"（《唐诗品汇》），似乎他的才能是天生的。其实，李贺的诗是他呕心沥血的艺术结晶。

李贺从少年时代起就把全部心力倾注于诗歌创作。为了搜集创作素材，他经常吃过早饭就出门，骑上一匹瘦马，背着一只旧锦囊，外出游历，观察生活。每当他触景生情，偶有所得时，便立即把涌入脑中的诗句记在纸条上，然后投入锦囊中。晚上回到家里。他再把那些记有零星诗句的纸条一一掏出来，对着昏暗的油灯，进行加工整理。他总是精心构思，反复琢磨，然后磨墨铺纸，写成一首首新奇瑰丽的诗篇。其母见他锦囊里竟有那么多纸条，总是埋怨说："这孩子要把心都呕出来才肯罢休啊！"

李贺从小身体瘦弱，母亲怕他累出病来，禁止他再这样呕心写诗。李贺总是笑着劝慰说："母亲放心，孩儿不会累病的。"吃过晚饭，他回到房里，又继续写诗了。

李贺在《长歌续短歌》中写道："长歌破衣襟，短歌断白发。"为了写诗，衣襟磨破了，少年头发白了，这是他辛勤从事创作的写照。由于他平时注意深入实际观察生活，认真积累素材，所以他的诗构思新颖，想象丰富，意境奇丽，色彩浓郁，具有强烈的艺术感染力。他的诗句如"黑云压城城欲摧，甲光向日金鳞开"（《雁门太守行》），"衰兰送客咸阳道，天若有情天亦老"（《金铜仙人辞汉歌》）等，都是千古传诵的名句。

李贺的父亲死得早，家庭情况困窘。因为他父亲名叫晋肃，"晋"与进士的"进"同音，为避父讳，李贺不能参加进士考试，只做过奉礼郎那样的小官。他一生抑郁不得志，只活了短短 27 岁，却为后世留下 233 首诗歌，其中大多是名篇佳作。他的诗在艺术上善于熔铸词采，驰骋想象，具有浪漫主义色彩。

后人称李贺是"诗鬼"，形容他的诗鬼斧神功，意境诡谲，对后人产生了深远的影响。

半部《论语》治天下

赵普（922—992），字则平，祖为幽州蓟（今天津）人，迁镇州（今河北正定），再迁洛阳。北宋政治家，曾任枢密使、宰相等职。

公元960年，赵普协助赵匡胤策划了"陈桥兵变"，建立了大宋王朝。宋初，赵普曾向宋太祖提出选精兵补充禁军，削弱地方武力；实行更戍法，变换军队防地等一系列建议，均被宋太祖采纳。他成了宋太祖最得力的幕僚。

赵普辅佐宋太祖打天下，治理天下，靠的是什么呢？

一天，宋太祖问赵普说："许多人都说你只读过一部《论语》，是真的吗？"赵普听了，回答道："启禀太祖，其实，我只用半部辅佐您！"太祖惊问，"哦？那半部呢？"赵普道："那半部准备以后辅佐您！"太祖道："是真的吗？"赵普道："臣一生所懂的道理，的确没有一点超出《论语》。"太祖赞道："这真可谓半部《论语》治天下啊！"赵普道："有人认为《论语》浅显得孩子都能通达，其实不然。君王治天下之道，庶民做人真谛，皆寓合其内。就看您能洞察其深蕴与否！"太祖笑道："有理，有理！"

赵普晚年，更是手不释卷，一回到家中，就关起门来读书。读的什么书？读了多少书？家人都说不清楚。

公元992年，赵普因病逝世。家人打开他的书箱，里面真的只有一部《论语》。

宋朝罗大经写《鹤林玉露》之后，"半部《论语》治天下"便成为典故流传下来。"半部《论语》治天下"似乎是夸大之辞，但不能不发人深思的是：读书只有深钻细研，精益求精，学以致用，才会大有用处。

范仲淹“断齑划粥”

　　范仲淹（989—1052），字希文，北宋苏州吴具（今属江苏）人，是宋代著名的政治家、文学家。

　　范仲淹出身贫苦，2 岁丧父，母亲无法维持一家的生活，带着他改嫁到朱家。他从小就很有志气，酷爱读书，并经常规劝朱氏兄弟努力学习。朱氏兄弟不知好意，反说：“我吃朱家的饭，穿朱家的衣，与你何干？”听了此话，范仲淹又惊又疑。后来别人告诉他母亲改嫁之事，为此，他感愤已极，自立门户，告别母亲，住进长山醴泉寺的僧房苦读，这时他才十来岁。这一时期，他生活异常艰苦，每天晚上用粳米熬稀粥一锅，待冷凝之后，划成四块，早晚各吃两块，再切几根腌菜。这就是著名的“断齑划粥”的故事。

　　范仲淹在醴泉寺苦读 3 年之后，为了学到更多的东西，他又佩琴剑，风餐露宿，不远千里来到南都（今河南商丘）寻师访友，进了当时著名的南都学舍。

　　在南都学习期间，他仍像以前一样食粥苦读。他有个同学是留守的儿子，见他生活如此艰苦，就回去告诉父亲。父亲听了很感动，吩咐儿子带些肉饭给范仲淹吃。过了几天，这个同学又到范仲淹这里来，发现他送来的饭菜已经坏了，可是范仲淹却一口也没有吃。同学不解地问：“家父听说你生活清苦，特地让我送些饭菜，而你却不吃，是不是怕玷污了你的品德？"范仲淹回答道："我很感激你们的厚意，但我吃粥已经吃惯了，如果现在吃这样好的食物，以后吃不了苦怎么办呢？"

在南都学舍，他昼夜苦读，困倦了就用冷水洗脸浇头，实在瞌睡就和衣睡下，醒来继续攻读。有时，他每天连两顿粥都吃不上，往往只到黄昏时才吃一顿，既是早餐，又是晚餐。就这样勤学苦读了 5 年，获得了渊博的知识。

由于范仲淹长期刻苦治学，积累了丰富的知识，终于成为我国历史上著名的政治家和文学家。

王惟一与针灸学

　　王惟一（987—1067）是北宋著名的医学家，历任仁宗和英宗两朝的医官，他勤奋好学，勇于探索，获得了针灸方面的精湛技术。他不仅精通古时候的医学理论，而且还注重实践，取得了丰富的实践经验。他为统一、普及和发展针灸学做出了杰出的贡献。

　　针灸学有着悠久的历史，是中国人民在长期与疾病做斗争的实践中逐步创立和发展起来的。针灸术大约起源于人类发现并使用火的石器时代，后经过历代医学家的总结和发展，成为有系统的学说，于是，便形成了中国医学宝库中的一个重要成分——针灸学。

　　隋唐以前的针灸书，到宋代时，不少已经失传了，当时流传的一些针灸图书也多是经过辗转传抄留下的，以至经络腧穴部位有许多不清楚的地方，甚至有相当的错乱之处。当时，有许多医家小心翼翼地按着图书去给人治病，不仅没有治好病人的病，反倒使病人受害，这些事例使许多医家迷惑不解，甚至感到格外震惊。

　　王惟一自己也犯过这样的错误，曾经把一病人治死了。对此，王惟一为失却医家天职，深感内疚，他不断地反省和琢磨自己致误的根由，终于发现，致误的原因并非自己粗心大意，而是先代流传下来的针灸图书的错乱而导致的。他决心下一番功夫，把先代的针灸图书进行一次统一的整理，把错乱之处校正过来。

他参考了中国最早的医书《黄帝内经》中有关针灸的内容，并且根据晋代皇甫谧所著的中国最早的针灸学专著《针灸甲乙经》，对照了许多"明堂图"一类的书，结合自己长期的临床实践经验，进行综合细致的分析。有时为了验证一下经络穴位，王惟一便顾不得痛苦乃至危险，在自己身上做实验。有一次，由于扎错了位，昏厥了好几天。可好了以后，仍然一如既往，用自己的身体和性命来换取知识的准确。经过十几年艰苦不懈的努力，终于著成了《铜人腧穴针灸图经》3 卷，将原来针灸图书中迷信不实的地方去掉，改正了错漏之处，使针灸图书臻于正确完善。

全书共记载穴位名 354 个。王惟一按着所附铜人图谱的解剖位置，十二经络、督脉、任脉等经络走行的径路，依次叙述各孔穴的位置，注明了各穴位的相距尺度，详细地讨论了针灸各穴位的主要作用和针刺的深度，从而校正了经络的走行，明确地固定了孔穴的位置及腧穴的主治作用。全书一方面继承了古代针灸著作的经络体系，另一方面又便于临床取穴和治疗与研究，可以说是集宋以前针灸学之大成，起到了承先启后的作用。该书不仅是当时医学和临床者必读之书，也是后人继承、学习传统针灸学的宝贵资料。

王惟一认识到，针灸医术是千百年来笔传口授流传下来的，颇为珍贵。要普及发展这门医术，单靠图谱书籍是不够的，也不准确，还容易导致失误，于是，他设计了立体铜人模型，和工匠一起铸造了两座针灸铜人，这种把平面图谱改为立体模型的传授方法，在当时来说，无异是一种创举。皇帝宋仁宗看了以后，很是赞赏，命令把其中的一座放在太医院里，令太医们学习、研究。

王惟一铸造针灸铜人，主要是考虑便于教学和进行医术考试。他把铜人体内的穴道注入水银，外表用黄蜡涂封，将所注的腧穴名称盖住。考试时让学生按穴试针，如果针位准确无误，起针时，穴内的水银便随针而流出，否则，稍有一点偏差，则针扎不进。在11世纪初能用这种既精确又严格的训练和考试方法，是难能可贵的。它表明了中国古代先民卓越的才能、智慧和高超的工艺技术水平。

济世救人，是医家的神圣天职，王惟一正是执着地遵循这种天职，不断地思考和探索，才取得卓越医学成就的。所以说，"大道不明，则精思难展；精思不展，则技艺难专"并非虚言。王惟一和许多杰出的科学家一样，为我们今天求索攻坚、骋怀抒抱树立了典范。

"三多""三上"著华章

"一勤苦书千卷",这是北宋著名文学家欧阳修的诗句,也是他毕生勤奋学习的真实写照。

欧阳修(1007—1072),字永叔,号醉翁、六一居士。吉水(今江西)人,他小的时候,父亲病故,贫困的家庭更困苦不堪了。少年时的欧阳修,很爱学习,但没有钱买纸和笔。他的母亲就用芦荻杆当笔,在泥沙上教他认字写字。著名的"画荻教子"的典故就是从这里来的。

在母亲的教导下,欧阳修刻苦学习,不到10岁,就已经具备了自学能力。于是,他就借书回家读,重要的自己抄一遍,并把它背出来,几年以后,他把很多书都背熟了。

有一天,他从废纸堆里发现了韩愈的遗稿,已经破烂不堪了。他把这本书捡回家,经过精心修补,认真地读起来,爱不释手,连读了几遍,废寝忘食。欧阳修一下子就被那汪洋恣肆的文采深深地吸引了,他发誓努力学习,赶上韩愈的水平。

欧阳修非常勤勉。他认为写文章有"三多":"看多,做多,商量多也。"因此,他平时总是能够做到:多读优秀作品,多练习写作,多和朋友们商讨文学问题。

欧阳修作文,一向虚心向人请教,从不满足。有一次,欧阳修、谢希深、尹师鲁三人各撰写一篇题材相同的文章。结果,谢文700字，欧文500字。而尹文只有380多字，语言精练，结构严密。欧阳修自觉不如，甘拜下风。晚饭后，他提了酒亲自到尹家拜访，一见面就说："小弟向你请教来了。"两人促膝交谈，直到天明。回家后，他没有躺到床上，而是立刻振作精神，字斟句酌地重写一篇。结果，不但比尹文少了20个字，而且显得更加完整，更加凝练了。过后，尹师鲁读了，十分惊叹地说："欧阳修真是一日千里啊！"

欧阳修在自学中尝到了"看多"、"做多"、"商量多"的甜头，但同时也感到做到"三多"，时间是至关重要的。欧阳修当官以后，公事十分繁忙，但为了力求实行政治改革，仍然写下了许多有相当价值的诗词和散文。欧阳修写作态度非常严谨，一字一句，反复锤炼。每写完一篇便贴在卧室的墙上，随时看、随时改，直到尽善尽美，才肯拿出去给人看。

欧阳修在安徽滁州当太守时，曾写了著名的《醉翁亭记》。开头写滁州的山景就写了几十个字，后来修改时，他想这篇游记的重点是写"醉翁亭"，没有必要用过多笔墨描写山景，最后概括成"环滁皆山也"一句，寥寥几个字，洗练明确。有人好奇地问他：哪来这么多时间思考？欧阳修回答：我生平所作文章，多在"三上"，这就是利用马上、枕上和厕上的时间。

欧阳修到了晚年，已经是赫赫有名的大文学家了。可是，仍然把以前所写的文章拿出来一篇一篇地修改，冥思苦想。他的夫人劝他："何必这样吃苦，又不是小学生，难道还怕先生骂吗？"他捻着胡子，呵呵大笑，说："我倒不是怕先生辱骂，而是怕后生耻笑！"

经过一生勤苦的努力，欧阳修给后人留下了很多著作。有《欧阳文忠公文集》、《新五代史》等，还与人合修了一部《新唐书》。

欧阳修的诗词也写得很好，尤其擅长写散文。他文风平易流畅，委曲婉转，对宋代及其以后的散文发展产生了重大的影响，为我国的文学事业做出了卓越的贡献，成为著名的"唐宋八大家"之一。

　　著名文学家苏轼称赞欧阳修："论大道似韩愈，论事似陆机，记事似司马迁，诗赋似李白。"这个高度，在中华文学史上，可谓首屈一指。

"警枕" 促读司马光

　　司马光，字君实，北宋陕州夏县（今山西夏县）人，是我国历史上著名的政治家和历史学家。卷帙浩繁的史学巨著《资治通鉴》，就是由他主编的。

　　司马光从小爱读书，尤其是喜欢读历史书。他虽然不聪明，但是看到别人有什么长处就下工夫学习，直到超过别人为止。比如，他小时候和哥哥、弟弟们一起学习，感到自己的记忆力比较差，便想办法克服这个弱点。每当老师讲完课，哥哥弟弟们读上一会儿便扔开书本，跑到院子里去玩的时候，司马光就关上门窗，独自一遍又一遍地高声朗读起来，直至能流畅地背诵，才肯休息。他还利用一切空闲时间，比如骑马赶路，或夜里不能入睡的时候，一面默诵，一面思考，久而久之，他不仅对所学的内容能够精通，而且记忆力也越来越强了，少时所学的东西竟至终身不忘。

　　司马光做官以后，读书更加刻苦。他为了抓紧时间读书，给自己设计了一套特别的卧具：一张木板床和一个小圆木枕头，为什么要用圆木做枕头呢？因为硬邦邦的圆木枕头，放在硬邦邦的硬木板床上容易滚动，读书困了睡着时，只要一翻身，枕头就滚走，头便跌在木板上。于是就惊醒了，可以马上起来继续读书，不会一觉睡到天亮。司马光给这个小圆木枕头起了个名字，叫

"警枕"。

司马光长时期的勤学苦读，扩大了知识面，提高了认识水平，为著书立说打下了坚实的基础。

《资治通鉴》的编修，前后历时 19 年。在《资治通鉴》的编修过程中，司马光付出了艰巨的劳动。据说，他每天很早起床开始工作，一直到深夜才就寝。每天修改的稿纸有一丈多长，而且上边没有一个草字。等到《资治通鉴》修完，在洛阳存放的未用残稿，就堆满了两间屋子。司马光在他的进书表上说"平生精力，尽于此书"，绝非虚语。

　　一个人的成功，与他平生的努力是分不开的，司马光也是如此。年幼时的砸缸救人，年少时的刻苦攻读，成年后的"警枕"自励，最终成为中国历史上一代名贤和大师。至今仍对后人有着激励和鼓舞。

王安石锐意变法

王安石（1021—1086），字介甫，号半山，抚州临川（今属江西）人。是北宋杰出的政治家、文学家和思想家，也是"中国11世纪时的改革家"。

王安石年少时喜欢读书，记忆力很好，过目不忘，他才思敏捷，作文一挥而就，深得当时在朝为官的文学家欧阳修的赏识。庆历年间考中了进士，初任淮南判官，后又任鄞县令。

在长期的为官实践中，王安石对北宋的社会现实有了比较深入的了解。当时，北宋面临着严重的内忧外患。北宋豢养了100多万军队，不仅有驻防京师及分戍要地的禁军，还有驻守地方的厢兵，并通过科举制度、恩荫制度和其他途径，给予地主阶级成员以广泛的参政机会，因此官僚机构十分庞大。

在这种情况下，北宋政府每年要对军队、官员以庞大的财政支付，单是军队的年支总额，就占年财政收入的十分之六七。统治阶级日益腐化，挥霍浪费也越来越严重，加之每年还要对辽、西夏两国供奉大量的银两和绢帛，所以北宋财政十分困窘。

为了解决庞大的财政开支，统治者就加紧压榨，百姓的负担平白地加重了两三倍，阶级矛盾日益尖锐，许多穷苦的百姓铤而走险，揭竿而起。农民起义此伏彼起，其中规模最大的一次就是淳化四年（993）在四川爆发的王小波、李顺起义。

北宋建立之初，统治者就按着"守内虚外"的政策进行军事部署，并经常撤换边境的驻军，使兵不知将，将不知兵。虽然摆脱了唐末以来藩镇割据的余患，但使军队的战斗力大大减弱。虽拥兵百万有余，却挡不住辽、西夏两国的进攻，辽和西夏经常在边境或至内地骚扰，北宋政府除了割地求和，纳银输帛称臣以外，没有别的办法，正所谓"积贫积弱"。

面对着这种形同危卵的局面，王安石十分焦虑。他对百姓的疾苦表示同情，他对"积贫积弱"的现实深为不满，他处心积虑地探索着摆脱"积贫积弱"的惨淡局面。他也深知要改革，必须要动大手术，要拟定一整套改革的方案，否则无济于事。

不仅如此，而且还存在着严重的政治阻力，朝野许多保守的官员，安于现状，故步自封，根本就没有改革变通的想法。

仁宗朝大理寺丞范仲淹因倡导改革而被贬的悲剧，对王安石来说，还记忆犹新。但为了国家的富强，为了社会的安定，不改革现实是不行的，所以，他知难而进，仍不辍地探索。

嘉祐三年（1058）冬，王安石在提点江东刑狱任内，奉命改任三司度支判官。第二年春，他到了京城开封，拟定了一份万言书呈给朝廷。他指出，法度必须改革，以求其能适合当世的亟变。变法的先决条件是培养人才。他主张废除以文辞和记诵取士的科举制度，官吏应从基层选拔。

他认为现实财政困难的症结，不在于官吏之多和俸禄之厚，而在于理财未得其道。理财应从增加社会财富入手，凭借天下现有的人力物力，广泛深入地挖掘财源，来满足天下的消费。

王安石把国家财政同社会生产紧密联系起来，以发展社会生产作为充裕国家财政的先决条件，比单纯强调缩减国家财政开支的议论，前进了一步，比范仲淹等人提出的变法主张也大大提高了。

这封万言书虽然没有被宋仁宗所采纳，但在朝野上下引起了很大的反响。有人称赞这些主张极有见地，势在必行；也有人竭力反对，认为王安石言功论利，背于圣人之教，是狂妄之徒。

针对保守派的攻击和谩骂，王安石据理力争，因此冒犯了那些保守的达官权贵，受到斥责。这时正赶上他的母亲去世，他便解职回家丁忧。皇上屡次征召他赴职，他都没有去就任。他不想做一个尸位素餐、无所作为的庸官，他关注的是如何变法，改变内忧外患的现实。

宋神宗即位后，决心变法。熙宁元年（1068），王安石被召回开封，任参知政事（副宰相），第二年，王安石被任命为宰相，主持变法工作。王安石请求神宗，设置了"制置之司条例司"，议定新法的各项内容。从此，王安石全身心地投入了变法事业。

王安石变法的内容分为 3 项，他认为财政改革是亟待解决的，它是增强国力、摆脱内忧外患的关键，所以把财政经济改革当作首要问题来抓，放在了第一位。其次是军事改革，再次是教育改革。

在财政经济方面，为了抑制豪门大族的兼并和高利盘剥，对青黄不接的农民暂救了燃眉之急，拟定了"青苗法"。政府每年两次举行放款，听民户自愿请贷，按民户贫富等差分发不同数目的银两，利息二分，半年后偿还。

为了推动农业生产的发展，拟定了"农田水利法"。由官民两方集资，兴修水利，改良土壤。

为了免除百姓繁重的差役负担，使农业生产有更充足的劳动力，拟定了"募役法"。政府按民户的贫富等差，令其交纳相应的"助役钱"，政府用此钱雇人服役。

为了减轻农民的额外负担，增加政府的财政收入，拟定了"方田均税法"。政府重新丈量土地，清查豪强地主隐瞒的土地，把土地分成五等，计亩按等收税。

此外，为了限制大商人对市场的控制和操纵，稳定物价和调节市场的需求，拟定了"市易法"。

在军政改革方面，为了改变更戍法造成的"兵不知将，将不知兵"的局面，增强军队防卫的战斗力，拟定了"置将法"。

为了加强社会治安，防止百姓起义，拟定了"保甲法"。

在教育改革方面，为了剥夺保守派对儒家学说的垄断权，为了造就勇于开拓的新人才，编纂并颁行了《三经新义》，作为太学和州县学校的主要教材。

这些改革的方案和办法实施后，在发展生产、富国强兵方面收到了显著的效果，在一定程度上扭转了"积贫积弱"的局势。但是，由于变法触动官僚豪绅大地主集团的利益，引起了他们激烈的反对和攻击，加之新法在推行过程中，遭到一些人的破坏，下面的贪官酷吏借推行新法枉施暴政，使百姓多有怨怒。朝廷为新法争执不休，王安石两次罢相，熙宁九年（1076），王安石第二次罢相后，就不再参与国事了。

宋神宗为了缓和统治阶级内部的矛盾，把新法的推行限制在一定的范围之内。神宗死后，保守派势力增大，新法就被废除了，变法人物被斥逐流放。哲宗亲政后，虽起用改革派，但变法只是各派系争权夺利的工具。这样，这次自上而下的变法就完全失败了。

　　这次变法虽是一次不成功的变法，但在中国社会改革史上留下了宝贵的经验教训，尤其是王安石"天变不足畏，祖宗不足法，人言不足恤"的锐意改革精神和不屈不挠的意志，给后世有志于改革创新的人留下了可贵的精神财富。

钻研科学话沈括

管沈括（1031—1095）字存中，北宋钱塘（今杭州）人。他是中国乃至世界古代史上少有的多才多艺的政治活动家和杰出的科学家。

沈括的母亲精通文理，沈括从小就跟母亲刻苦学习，阅读了丰富的古代典籍，但他并不迷信书本，他善于独立思考，常常以自己的见闻去检验书本上记载的东西。书上讲错了，他就大胆怀疑，不管书的作者是圣贤之辈，还是什么别的权威。东汉时的大经学家郑玄，在为一本经书作注时，把"车渠"解释为"车轮的外围"。沈括在东海之滨看到有一种贝类动物，大的有簸箕那么大，当地的人们称之为"车渠"。因此，他断定郑玄的注释是错误的。

在读书和实践的过程中，沈括善于独立思考，并且不时地提出自己的主张和见解，为了弄懂一门科学，他往往要花费几年十几年，甚至几十年的时间。他考中进士不久，就开始自学天文、历法，后来主持司天监的工作，更加刻苦地进行天文观测。

沈括主持司天监工作时间，力主在实测日、月、五星行度的基础上改进历法。

他亲自推荐和积极支持精于历术的淮南人卫朴进行改历工作，于1704年修成了奉元历。

沈括对五星运行的轨迹和陨石坠落时的情景，均做过翔实而生动的描述，这是他进行认真仔细观察的结果。

为测验极星与天极的真切距离，他亲自设计了能使极星保持视场之内的窥管，并用它连续进行了 3 个月的观测，每夜观测 3 次，一共画了 200 多个观测图，进而得到了当时的极星"离天极三度有余"的结论。

沈括对晷漏进行了长达十余年的观测和研究，获得了超越前人的见解，如他第一次从理论上推导出冬至日昼夜一天的长度"百刻而有余"，夏至日昼夜一天的长度"不及百刻"的重要结果。

沈括坚持了"月本无光"，"日耀之乃光耳"的科学认识，并用一个圆球，将其一半用粉涂抹，侧视的时候，有粉无粉的分界处呈现出钩一样的形状，正视的时候，就呈圆卷状，形象地演示了月亮盈亏的现象。

沈括十分重视观测手段的改进，熙宁七年（1074）7 月，他向朝廷进呈了自己研制的浑仪、浮漏、影表 3 种仪器，分别对测量天体位置、时间与日影长短的 3 种天文仪器，提出了经过深思熟虑的改进意见和设计方案，此举对于观测精度的提高，大有裨益。

针对传统的阴阳合历在历日安排上的缺欠，沈括大胆地提出了自己的建议，他主张使用与农业生产关系密切的 12 气历，即以 12 节气为一年，以立春为一年之始，大尽 31 日，小尽 30 日，一大一小相间，即使有两个小月相连，一年里只有一次。这样就可以做到"年年齐尽，永无闰余"，而把传统的月相变化的内容仅作为历注书名。沈括这一建议既简便又科学，比起现行的公历——格列高利历还要合理。沈括的建议在当时未被采用，反而招致了一些人的不同寻常的责骂，但他相信在以后的岁月里会有采用他的建议那一天的。果真在其后 800 多年，英国气象局的确使用了与 12 气历十分相似的萧伯纳历，用于农业气候的统计。

在数学方面，沈括的研究课题有"隙积术"和"会圆术。等。"隙积术"是求解垛积的问题，这属于高阶等差级数求和问题。对此，沈括创立了一个正确的求解公式，并开辟了一个数学研究的新方向。"会圆术"是一个已知弓形的圆径和矢高求弧长的问题，沈括推导求得弓形弧长的近式公式，元代王恂、郭守敬等人授时历中的"弧矢割圆术"就利用了这个公式。

沈括在物理方面的成就是多方面的。在对于磁学的研究上，他对指南针 4 种装置的明确记述和所进行的优劣比较，说明他是亲自进行一番观察和实验的。

他发现磁针"常微偏东，不全南也"的现象，这是关于磁偏角的最早记载，比西欧的记录要早 400 年左右。沈括还曾认真地做过凹面镜成像的实验，得到了较《墨经》前进一步的结果。对于中国古代光学杰作透光镜，沈括也进行了细心观察和研究。

沈括以铸镜时冷却速度不同来解释，虽然不一定符合历史事实，但他的探究的精神，是值得称道的。

沈括又曾做过用纸人进行共振现象的实验。他剪一个小纸人，放在基音弦线上，拨动相应的泛音弦线，纸人就跳动，弹别的弦线，纸人则不动。这个实验比欧洲人所做的类似实验要早好几个世纪。

在地学方面，沈括也有独到的探索和研究，做出了不少贡献。1074 年 4 月，沈括到浙东地区察访，看到"峭峻险怪、上耸千尺、穿崖巨谷"的雁荡山诸峰的地貌景观，明确地提出了流水侵蚀作用的自然成因说。

他还认为我国西部黄土地区"立土动及百尺，迥然耸立"的地貌特征，也是同一原因造成的，为这两个不同地区的地貌情况提供了科学的说明。同年秋，他到河北察访，发现太行山麓之间，往往衔有螺蚌壳及圆滑如鸡蛋的石头，横亘的石壁像带子一样绵延整齐。他就说："这是从前的海滨。"

他进一步提出华北平原是由于泥沙的淤积而造成的，这些都是沈括独到的见解。

公元1076年，沈括接受了编制《守令图》的任务。当时，他因受诬被贬，住在湖北随县（今湖北随州）的一所庙里。在3年的时间里，寒冷、潮湿和寂寞，都没有使他屈服。他不断地修补没有画完的地图。后来遇赦，移居浙江，他在途中实地考察了湖北、江西两省的部分地区，获得了修补地图的第一手资料，改正了旧地图上的错误。

1087年，沈括终于完成了由20幅地图组成的地图集，其中最大的一幅高一丈二尺，宽一丈。图幅之大，内容之详，在历史上是罕见的。

沈括一生大部分时间在朝廷为官，但实质上是一生为科学事业而忘我地探索着，奔波着。他58岁退出官场，但他仍继续着始终为之奋斗的事业。他隐居在润州丹德县的梦溪园，砥砺斗志，奋笔疾书。

经过8年的努力，沈括将自己一生所见所闻及研究心得以笔记文学的体裁写成了《梦溪笔谈》这部内容涉及天文、数学、物理、化学、生物、地质、地理、气象、医学、工程技术、文学、史学、音乐和美术的著作。其中自然科学部分，总结了我国古代，特别是北宋时期的自然科学成就，详细地记载了古代劳动者在科学技术方面的贡献，是世界科技史上的一份宝贵遗产。

> 沈括那种勇于求索、敢于超越前人的攻坚精神也是人类进步的一份珍贵财富。

李清照与《金石录》

宋朝的李清照（1084—1151）和赵明诚，是中国古代夫妻好学的典范。他俩志趣相同，勤奋学习，精心研究金石艺术的故事，历来被传为佳话。

李清照，号易安居士，山东济南人，是宋朝著名的女词人。她嫁给赵明诚时年仅18岁，当时赵明诚还在太学里读书，家庭情况很不宽裕，夫妻俩省吃俭用，过着俭朴的生活。他们两人都酷爱金石艺术，常常互相切磋，每逢初一、十五，太学放假，赵明诚总是拿些衣物到当铺去质押五六百文钱，步行到相国寺的书摊上，买几本有研究价值的金石碑刻，回家与李清照共同探讨。

两年以后，两人对金石艺术摸到了门径，就立志要"穷尽天下古文奇字"，一一加以研究。他们勤奋地摹写坊间不易见到的孤本书和金石拓片，生活克勤克俭，积攒下钱来购买名人书画和古玩奇器。

有一次，有个画贩知道李清照夫妇喜欢收藏书画，就拿了一幅南唐名画家徐熙的代表作《牡丹图》向他们兜售，要价20万钱。夫妻俩见画后如获至宝，先把画留下来，然后翻箱倒柜，估算家里可以典卖的一切衣服什物。可是估算了几个晚上也还是凑不足这笔钱，只好把画还给画贩。为此，夫妻相对惋惜不已。

后来，赵明诚考试及第，在青州和莱州一连做了两任太守，生活终于宽裕些了。于是，他俩便大量搜集书画古玩，从中研究古文字的演变，订正古史中的谬误。

这以后，为了加快研究的进度，他俩不再像以前那样一个人说出一件古书上记载的事，另一个人说出这件事见于某书、某卷、第几页、第几行了，而是分头去研究。每当夜深时，这对夫妇常常是一方被劝回到床上休息后，劝人者却又坐到了桌前。

因为李清照夫妇如此勤奋努力，所以获得了丰硕的成果。几年以后，他们收藏的金石碑刻达到了2000卷，他们对每一卷都进行了系统的研究。最后，夫妻俩通力合作，分头整理，写成了在考古学上有着重大参考价值的《金石录》一书。

岳飞自幼苦读书

　　岳飞（1103—1142），字鹏举，相州汤阴（今河南汤阴县）人。岳飞小时因遭水灾，家里一贫如洗，全家依靠母亲做针线活、纺纱织布，赚得几文钱来糊口过日子。

　　家境虽然贫寒，岳飞却酷爱读书，在母亲的教诲下，他白天上山拾柴时就抓紧空余时间读书写字。晚上没有油灯，就把白天拾来的枯柴，点起来照明诵读。无钱买纸笔，他就把路边的细沙弄回家来铺平当纸，用树枝作笔，一笔一画地练习写字，写了一遍抹平又写，反反复复从不厌倦。

　　岳飞很聪明，又很用功，贫穷砥砺了他的志气，学习启发了他的智慧。没有多久，他文才大进。母亲看见岳飞聪明敏锐，说不出的高兴，就到附近的私塾里去找老师，宁可自己省吃俭用，也要给岳飞交学费，让他到学校深造。岳飞得到了学习的机会，苦读了几年书，学问增长很多。

　　岳飞十几岁时，家里实在太穷，只得停止读书，到一个大地主家去干活。那时，尽管农活非常繁重，日子艰难困苦，但是岳飞从不放弃练武和读书。

　　白天劳动之余，夜间休息之时，他就读书写字，有时甚至通宵不眠。他有很强的记忆力，不论什么书看了就会背。他无书不读，尤其是喜欢《春秋左氏传》和孙、吴兵法。岳飞通过勤奋地苦读，练就了一手好文章。他写的文章，思想细致，分析精密，判断力很强。他作的诗词，意气豪迈，感情充沛。他还练就一手好字，笔法纵逸，尤其擅长行书。

岳飞从小一边读书，一边练武。19岁就能挽弓三百斤、弩八石。后来，在周侗老先生和著名枪手陈广的传授下，成为武艺超群的人物。

20岁那年，岳飞怀着抗击侵略者、收复中原的壮志从军，母亲在他背上刺了"精忠报国"的训词。后来，岳飞以自己的实际行动实现了这个誓言，成为南宋著名的爱国将领、历史上杰出的民族英雄。

郑樵立志著《通志》

　　郑樵（1103—1162）字渔仲，号夹漈，福建兴化人，是南宋初年的著名史学家。他所撰述的《通志》，是继司马迁之后纪传体通史的续作，对封建史学的发展产生过重大影响。

　　郑樵出身于世代仕宦家庭，自幼资质和常人不同，而且勤奋好学，记忆力特别强。自少年时代起就立下志向，"欲读古人之书，欲通百家之学，欲讨六艺之文而为羽翼"，表现出宏大的气识和志量。他对宦途并不热心，父亲亡故后，便和弟弟到城北郊的夹漈山，因陋就简，修筑3间草堂，一起切磋学问，过着怡然自得的山林生活。常常是"寒月一窗，残灯一席"。

　　郑樵白天整理简册，晚上观察星象，爱惜每一寸光阴，不敢虚度岁月。他带着批判的眼光去读书，随着知识的积累，他发现前人的著述有许多错舛和疏漏，尤其重要的是，他对唐代儒学大师的烦琐注经办法和宋儒的主观臆断有了新的认识，他认为唐儒烦琐失义，宋儒只尚空谈，他要集天下之书为一书，写出一部有益于后世贯通古今的通史。

　　由于家道败落，郑樵的生活越来越困窘，但无论是风晨雪夜，还是厨无烟火，他都记诵不休，执笔不绝。为了实现理想，他奋斗了30年左右，历尽艰辛，以顽强的毅力，有计划地坚持实践。这期间，有人3次举荐他为"孝廉"，两次推举他为"遗逸"，他都不动心。他把整个身心全投入到著述中。就是这样，他终于著成了长达200卷的《通志》。

《通志》是继司马迁《史记》以后又一部贯通古今的纪传体通史。在体例上，除纪、传和以前纪传体史书相同外，"谱"即相当于各史的"表"，"略"相当于各史的"志"，"世家"仿《史记》，"载记"仿《晋书》，文字大多袭用旧史。

其中的"二十略"是全书的精华，一向为史家看重。这二十略包括：氏族、六族、七音、天文、地理、都邑、礼、谥、器服、乐、职官、选举、刑法、食货、艺文、校雠、图谱、金石、灾祥和昆虫草木，以此把历代典章制度、学术文化分门别类地加以记载，逐一阐述其源流演变，且提出了一些新见解。真可谓"网罗宏富，体大思情"。若是没有广博的知识和独到的学识，何以至此？

郑樵为了广泛地占有材料，四处求访藏书，遇到有藏书的人家，便留下来仔细阅读，直到读完才离去。经过10多年的辛勤寻访，获得了丰富的文献资料，为进一步研究和著述打下了坚实的基础。他尽览典籍，却不迷信前人成说，他研究《书经》是从校对今古文《尚书》入手；研究《诗经》，则认真辨别鲁、齐、韩3家诗的差别；研究《春秋》也是从3家所传的异同入手，从文字歧异发现问题，经过考订，择善而从。他还主张写"通史"，因为只有通古今变化，才能资鉴现今。

郑樵除了关注书本外，还注重实地考察。正因他有如此严谨的治学方法，有几十年如一日的坚强毅力，才造就了他的博大学识，在历史学和文献学方面做出了杰出的贡献。

胡三省痴注《通鉴》

南宋末年，由于元军南下，大量南宋国土沦丧，人民处在水深火热之中。

当时，在江陵做县令的胡三省，亲眼看见了元军的烧杀抢掠，心中悲愤不已，出于爱国激情，毅然投身到抗元的斗争中。

谁知，由于奸相专权，使得南宋朝政非常腐败，胡三省只得愤然弃官，隐居乡里。

胡三省早年读过北宋司马光编的《资治通鉴》这部大书，而且精读过许多遍。一些文人学子读《资治通鉴》时，遇到有不懂的地方常向胡三省请教。胡三省常想："我给这些人解疑难问题，毕竟人数有限。如能把这部书全都注下来，该给世人和后代带来多大好处啊！"

想到这，他的决心更大了，并且立刻动手做起来。

在当时那样的动乱环境下，个人注史，无论从财力、精力，还是劳动量上来讲，都是困难重重的。胡三省不畏艰难，想方设法借来了各种史书，与《资治通鉴》对照着读，然后摘抄整理史料。根据《资治通鉴》所记的次序，逐条逐句地注解诠释。他日夜努力，寒暑不辍，4 年后，终于写成了《资治通鉴广注》97 卷和史论 10 篇。望着用自己的心血结晶而成的书稿，他露出了欣喜的笑容。

1276 年，南宋都城临安被元军攻陷。胡三省感到自己责任重大，他要保护书稿。

当时，形势非常紧张，有消息说，元军可能要从海上袭来，攻打浙东。胡三省考虑再三，决定躲避到山区去。他约了几个读书人一道，背着沉重的书稿。翻山越岭，西行向新昌逃难。

谁知，正当胡三省与几个读书人行走在山间小道上时，山腰中猛杀出十来个强盗，他们大肆喊杀，手起刀落，把胡三省的同伴杀了。胡三省滚落山涧才幸免于难。同伴被杀，胡三省悲痛万分，更伤心的是，《资治通鉴广注》的书稿也没有了！

胡三省独自一人来到新昌，在一富人家当家庭教师。书稿丢失，并没有使胡三省灰心，人还在，仍可继续写！于是，他白天教书，晚上为《资治通鉴》作注。

又经过近十年的写作，胡三省重新写定的《资治通鉴注》完稿了。这时，元军已攻入浙东，胡三省又得逃难了。他吸取上次书稿丢失的教训，把书稿交给自己的好朋友袁洪，千叮万嘱，然后逃到乡下。

袁洪深知这部书稿的价值，他不辜负朋友的嘱托，把书稿封藏在家中的一个地窖中，后来元军入城，虽大肆抢掠，却始终没能搜寻到这个地窖。

时局平静后，胡三省返回袁洪家，见书稿完整无损，他感动得流下眼泪。

胡三省带着书稿回到家乡宁海，继续修改补充。

这时，他已经 70 多岁了，又患气喘病。儿子见老父亲彻夜著书，劝他注意身体，胡三省说："人生在世，总得作为一番，实现这个目的，只有一个'勤'字。所以，只要能成此书，劳累死了又有什么可遗憾的呢？"

就这样，从 42 岁弃官开始，胡三省著书坚持了 30 个年头，直到临死前，他的《资治通鉴注》才最终完稿。

宋慈与《洗冤集录》

宋慈（约1186—1249）字惠文，建阳（今属福建）童游里人，他是南宋著名的法医学家。

宋慈自幼勤奋攻读，好学不倦，善于推理，长于思辨。入太学后，成了理学家真德秀的学生。宁宗嘉定十年（1217），宋慈登进士第。他曾任长汀县令，当时长汀一带盐价昂贵，贫民无力食盐，贫民们时常为了生活，铤而走险，猎取私盐。针对这种情况，宋慈认为，盐价昂贵的主要原因是运途远、运价高。于是，他改变了运盐的路线，直接从广东潮州起运，节省了大量的运费，从而降低了食盐价格，杜绝了贫民赌命猎取食盐的行径。

端平二年（1235），宋慈被任命为邵武军（今属福建）的通判，不久又改任南剑州通判，当时浙西闹饥荒，一斗米价值万钱，宰相李宗勉向宋慈征求如何救济的意见。宋慈认为，豪门大户，隐匿户口来逃避国家的税收，并且整天在家里囤积粮食，以备牟取暴利。这样，贫苦的百姓不仅要为豪门大户承担税务，还要高价去购买大户的粮食，所以就备受饥荒之苦了。

宋慈主张把民户分为五等。第一等民户要一边免费救济贫民，一边把粮食平价卖给贫民；第二等民户可直接把粮食平价卖给贫民；第三等民户可保持原状；第四等民户可接受救济贫民粮食之半；第五等贫民，可完全接受救济，这些民户的救济粮由官府发给。

实行的结果很好，大家都愿意奉命而行，百姓很少有挨饿的。

宋慈逢事总愿不断地思索直到考虑出比较完善的对策才罢手，因此，不管遇到多么棘手的问题，他都能给予妥善的处理。在他为官处理政务的过程中，这种执着的求索精神一直在发扬着。

嘉熙元年（1239），宋慈充任广东提点刑狱。这是宋慈4任提刑中的第一次。

宋慈一到任所，就调查研究，注意如何解决存在的问题。他认识到清理多年不断的积案，是身为提点刑狱这样的监司大员施行职权的当务之急。当时广东由于长期以来官吏多不奉公守法，所以监狱中有很多被囚禁多年而没有得到法律公断的人。宋慈立下规约，审阅处理，限期清除积案。最后，经过了8个月时间，解决了200多待决之囚。同时，他以监司的身份，深入下层，详细调查，询问隐情，到处为那些蒙受不白之冤的人雪冤，禁止扰乱治安的违法行径。

过了一段时间，宋慈又从广东移至江西，任江西的提点刑狱，兼任赣州的知州，解决了江西、福建、广东之间边境上的武装贩盐问题，使这些地区道路通畅，秩序安定。南宋政府还把宋慈所行关于处理食盐的办法颁下浙西诸路，作为效仿的模范。

宋慈在长期担当提点刑狱的监司重任中，多年如一日地谨慎处理各种狱案。他认为"天下没有比保护生命更重要的事情，没有比死刑更严酷的刑罚，在有关死刑的案件中，没有比究查初情更值得重视的"。

宋慈处理每一件案子，事先都把案子前前后后的情况摸个一清二楚，一人的证词要反复核实，出之众口的供词，也要加以反复核实，凭确凿的事实，依法断案，而不单凭现有的供词与律条的简单对应来定案。

因此，在深究严察的过程中常常使那些幕后的身为豪门大姓的人受到法律的制裁，也常常使已结多年的冤案重新昭示于世。金钱的诱惑他不动心，恶相的威胁和烦琐的案情他不畏难，他关注的是断案的公正，他极力探求的是案情的真实面貌。他每审理一案，都审之又审，不敢使自己产生一点漫不经心的轻视情绪。

他根据自己在4任提点刑狱期间多次的审案和执法检验时的现场经验，综合了《内恕录》等数种专书，于1247年写成了《洗冤集录》一书。全书共五卷，卷一载条令和总说，卷二验尸，卷三至卷五载各种伤、死情况。《洗冤集录》记述了人体解剖、检验尸体、检查现场、鉴定死因、自杀或谋杀的各种情况、各种毒物和急救、解毒的方法等十分广泛的内容。

书中对于自杀、他杀或病死的区别十分注意，案例详明。如对溺死与非溺死、自缢与假自缢、自刑与杀伤、火死与假火死等都详细地加以区分，并列述了各种猝死情状，书末附有各种救死方。这部书中所记载的女洗尸、人工呼吸法、夹板固定伤断部分、迎日隔乎验伤，以及银针验毒、明矾蛋白解砒毒等都是符合科学道理的。此书后来成为后世法医著作的主要参考书。自晚清以来，逐渐传到国外，译成将近10种文字，成为世界伟大的和最早的法医著作。

《洗冤集录》这部世界著名的法医学专著是宋慈严谨求实、不断探索取得的，宋慈知难而进、探流索源的意志和精神是值得我们学习的。

郭守敬钻研求索

郭守敬（1231—1316）字若思，河北邢台人。他是元代杰出的科学家，一生研究出大量的科学成果，在中国乃至世界科学史上占有重要位置。

郭守敬从小刻苦学习，遇事善于思索，勤于实践。在郭守敬十五六岁时，得到了一份古人用仪器观测到的日月星辰景象的"璇玑图"，他被吸引住了。他不但认真地阅读了这份图，还亲自动手用竹篾制造了一台浑天仪，修了一个安放这个浑天仪的土台，直接观测天空星辰的位置。

后来，郭守敬以其才学得到了元朝统治者的重用，郭守敬负责仪器制造和天文观测。首先，他和王恂等人亲自主持了编订新历的工作。经过多年辛勤努力，1280年，新历告成，被定名为"授时历"，并于次年正式颁行。

郭守敬在负责仪器制造过程中，对旧的天文仪器逐一进行检查，并与工匠配合，研制成了10多种天文仪器，其中有许多仪器在当时都是居世界领先地位的。

圭表测影技术，在当时有了明显的进步。为了克服表端的影子因日光散射而模糊不清的问题，郭守敬创用了四丈高表，为传统八尺圭表的五倍。

自北宋起，制造的浑仪特别多，为了测量各种不同坐标值的需要，浑仪上增设了越来越多的环，其固定的装置，有地平、子午、天常等环，能够旋转的环有白道、赤道、黄道环等。以致八九个圆环遮掩了很大的天区，使用起来很不方便。并且这么多的环放在一个共同的中心上，校正起来也很困难。

北宋的沈括取消了白道圈。郭守敬借鉴了沈括的做法，在沈括的基础上，又取消了黄道圈，并创造性地设计和制造了著名的简仪。简仪改变了测量3种不同坐标的圆环集中装置的方法，把它分解为两个独立的装置（即赤道装置和地平装置），从而简化了仪器结构，保留了四游、百刻、赤道、地平四环，增加了立运环。这样，除了北天极附近的天区外，对绝大部分天区一览无余。

郭守敬又在窥衡两端圆孔中央各置一线，增加了观测的准确性。为了观测赤经差，又在赤道环面上安装了两条界衡，界衡两端用细线极轴与北端连接。这样测量的精确度又大大提高了。郭守敬还在赤道装置上放置一个候极仪，使候极仪轴线和极轴平行，可以随时校正赤道装置。他又将一个固定的地平环和一个直立可转的立运环，以及窥衡构成的一个地平装置。

这是中国天文仪器中第一次出现的一个独立的地平经纬仪结构，能同时测量地平经度和高度，当时称之为"立运仪"。

郭守敬是一位著名的天文仪器设计制造家。除了圭表、简仪、立运仪以外，著名的还有用于观测太阳位置的仰仪、可以自动报时的七宝灯漏、观测恒星位置以定时刻的星晷定时仪，以及水运浑象、日月食仪、玲珑仪等。

仰仪是根据和利用小孔成像原理，在一坐仰放着的中空半球面仪器内用十字杆架着一块有小孔的板，孔的位置正在半球面的中心。太阳光经过小孔，在球面上就形成太阳的倒像。从球面上刻的坐标网立刻可以读出太阳的位置和当地当时的真太阳时。而当日食时还可以观测日食的食分、各食象发生的时刻及日食时太阳所在的位置。对月亮和月食也能进行类似的观测。这块有小孔的可以转动的板称为璇玑板，它很可能就是用来检验交会的日月食仪。

郭守敬的杰出创造，把我国古代天文仪器的制造推到了一个新高峰。郭守敬还是一位著名的天文观测家，除了对恒星位置进行观测外，他还组织了一次空前规模的测地工作，在北京、太原、成都、雷州等 27 处设立了观测所，测量当地纬度，由南海到北海（15°—65°），从西沙群岛至北极圈附近，每隔 10 度设一观测台，测量夏至日日影长度和昼夜长短，观测站数比唐代多了一倍，获得了丰硕的成果。

郭守敬对于一系列天文常数也都进行了测量，如 1280 年冬至时刻的精密测定，测定当年冬至太阳位置，测定当年冬至月离近地点距离，测定当年冬至月离黄白交点距离，测定二十八宿距星度数（精度比北宋时提高一倍），测定北京二十四节气日出日入时刻等，也都取得了重要成果。

郭守敬还是一位政绩卓著的水利工程专家。他曾主持了若干重要的水利工程，如修复唐来、汉延等渠，增辟大都水源，修浚通惠运河等。其中唐来渠、汉延渠等都在黄河上游，唐来渠全长 400 里，汉延渠全长 250 里，及其他大小渠道，其溉田 9 万多顷，对西北地区的农业生产发挥了重大的作用。他在渠口设滚水坝，又设若干退水闸，这是一套比较完善的闸坝设计方式。

郭守敬还在大都西北设计修筑了长 30 公里的白浮堰以解决通惠河的水源问题，并修建闸门和斗门若干座以维持通惠河的水位，从而保证了来往船只的通航。在这些水利工程活动中还充分表现出，郭守敬也是一位杰出的地理学家。他的水利工程设计都是以他自己的实际地理勘测资料为基础的，他曾对今河南、山东一带黄河附近几百里的区域进行过细致的地形测量，绘制了多幅地图。他曾经亲自上溯黄河，考察河源。

他还发明了以海平面为标准来比较大都和汴梁地行高下之差的方法。这是地理学中一个重要概念——"海拔"的始创。他在通惠河上游河道路线选择中所表现出来的对于地形测量的精确性，至今还引起学者们的赞赏。

　　郭守敬一生不懈地钻研探索，取得了丰硕的科学成就。他在天文和水利等方面的研究中，勇于实践，注重实测，大胆创新，对推动中国科学技术的发展做出了巨大的贡献。

黄道婆革新纺织

　　黄道婆，又称黄婆，松江乌泥泾镇（今闵行区华泾镇）人。她是元代杰出的女纺织技术革新家。

　　黄道婆出生于一个贫苦的劳动者家庭，很小就帮助母亲纺棉织布，练出了一套好手艺。她听过母亲讲的很多神话故事，幻想能得到一台神仙赐给的织布机，要织多少，就能织多少。这样，就能减轻母亲的劳作，也能帮助邻居们。

　　幻想终归是幻想，神仙没有赐予什么织布机，生活倒是一天比一天困苦了。家庭生活实在维持不下去了，便把黄道婆送给一个姓赵的人家当了童养媳。婆婆是个守财奴，整天让小小的黄道婆干重活，天真没有了，幻想没有了，有的只有疲倦和不尽的伤心。她忍受不了非人的待遇，逃到了尼姑庵，得名黄道婆。以后她几经周折，到了海南，跟黎家姐妹们学习先进的纺织技术，自食其力。就这样，黄道婆在海南生活了 30 年。

　　落叶归根，人思故土。尽管黄道婆幼小在故乡受尽了辛苦，但还是时刻不忘养育她的故土和乡亲们的困苦生活，决心回家去。

　　回到家乡的时候，父母早已过世，恶婆婆和丈夫也迁居到外地了。她决心把海南黎族先进的纺织技术传给大家。她找到工匠，按着海南纺织机的样子，先做了一台"轧花车"，"轧花车"

制好后，投入使用，车轮一转果然脱出了棉花籽。可是轧过的棉花中还夹着许多棉籽。她反复琢磨，终于弄明白了，原来海南黎寨是木棉，棉花桃大，棉花籽也很大，而家乡的棉桃小，籽也小。

　　黄道婆经过多次试验，制成了一种新的"轧花机"，这种"轧花机"能将个小籽小的家乡棉桃中的棉籽全部轧出，一天能轧出七八斤棉籽，工作效率提高 4 倍。她为了使每台弹棉机每天弹出更多的棉花，改进了弹棉机，把一尺长的弹棉竹弓改成绳弦大弓。操作起来，既省力，又比从前弹的棉花多。

　　在平时生活中，黄道婆发现劳动时手的用途比脚和腿的用途多，而且具体的操作都在手上，于是她想，如果能将手的操作改为脚的操作，就能腾出手来，将手运用到别的操作程序上，从而大大提高劳动效率。后来她把单锭手摇纺车改为多锭脚踏纺车……

　　这一整套技术的改革及成果的应用推广，使松江一带的棉纺织业有了进一步发展，所出织物——"乌泥泾被"等，行销远近，成为江南棉织业中心。时有"淞郡棉布，衣被天下"之谚。

　　　　黄道婆死后，乡人怀念她，尊她为黄娘娘，建有"先棉黄道婆祠"。人们怀念她，是因为她的热心，她的探索，给人们带来了幸福。

赵孟頫苦练书画

    在元朝 100 多年历史里，出现了许多著名的画家、书法家。其中最有成就的是赵孟頫。他在绘画上开创了一代新风，在书法上，篆书、隶书、楷书、行书、草书，样样精通，扬名天下。他是中国古代最有成就的书画家之一。这些成就的取得，是和赵孟頫几十年如一日，勤学苦练，谦虚谨慎分不开的。

    赵孟頫 5 岁读书，同时开始练书法，几十年间，他总是每天清晨起床，盥洗完毕后，开始练字。一天少则几千，多时要上万个字。早年他临摹隋朝和尚智永的《千字文》和王羲之的《兰亭序》，光《千字文》他临摹了不知有多少遍，真正做到了娴熟的地步。

    有一位叫田良卿的书法家，从街市上买到一卷《千字文》，凭他渊博的书法知识，开始以为是唐人的书法，看到最后，才知道是赵孟頫写的。他拿了这卷《千字文》去请赵孟頫题字，赵孟頫如实写道："这是我几年前写的，没想到我随便练习的字，被人拿去卖钱了。"原来赵孟頫广泛收集各种古帖，对各个书法家的字迹全都认真临摹。因此，他能吸收各家长处，融会为一体，形成自己独特的风格，被称为"赵体"。

    赵孟頫写字十分讲究笔力，认为执笔要用千钧之力，方能写出有气魄的字来。他教自己儿子写字的时候，常常不动声色地站在儿子背后，突然抽他儿子手中的笔管。假如笔管抽不出来，他就高兴地笑了；要是笔管抽出来了，他自然很不高兴，还要对儿子加以责罚。

赵孟頫非常善于模仿各个时代书法家的字。有一次，他得到一卷北宋书法家米芾写的《壮怀赋》，可惜中间缺了几行字。于是他找来和原稿一样的刻本，临摹缺了的几行字。他反复写了六七张纸，总觉得不满意，不禁感叹道："今人的字不及古人多了！"只好用刻本中的字补了缺。其实赵孟頫在当时已经是赫赫有名的书法家了，可他还是这样谦虚谨慎，这是很值得学习的。

赵孟頫从小爱画马，就是拾到一张废纸，也要画一张马才把它扔掉。他画的马，就像活马一样，千姿百态，栩栩如生。他也爱画梅竹、山川，他画的梅竹使人有清高的感觉。他作起画来，起先好像漫不经心，在纸上点点染染，渐渐地在纸上出现了山水、树木，最后一幅精美绝伦的画绘成了。

赵孟頫在世的时候，他的书画就已经是十分珍贵的艺术品了。当时有不少人模仿他的作品。他的作品不仅在国内享有盛名，也为外国人所喜爱。印度有个和尚，不远万里来到中国，请求赵孟頫为他写字。后来，他把赵孟頫的字带回印度，也成了他们国家的艺术品。

赵孟頫的字出神入画并不是自然天成的，没有勤学苦练，持之以恒，无论谁都成就不了最后的辉煌。

王祯终身迷农研

　　王祯字伯善，山东东平人。他是元代杰出的农学家，也是印刷技术的改进者。

　　王祯少年时，一边学习，一边从事农业生产劳动。他对有关农业生产的知识和技术有较为浓厚的兴趣。后来做了官，也仍然关注着农业生产的情况。元贞元年至大德四年（1295—1300），王祯在旌德、江西永丰任县官时，提倡农桑，注意公益。一有闲暇时间，不是从先代典籍中收集有关农业生产及农械革新的材料，就是到田间观察庄稼的长势，到百姓家询问农业生产的具体情况。

　　王祯主张要注意改良品种，改革农具，他认为，如果不在改进农业生产技术方面多下功夫，单是被动地接受天时、地利，要想提高粮食产量是很难的，如果不能积累粮食，遇到荒年歉收，百姓就要受饥饿之苦，那些到了死亡边缘的贫民，为了生存就会铤而走险，攻打官府，抢掠财物，到那时，要再想恢复安定的社会秩序，就要花十倍的气力了。

　　因此，他把抓农业生产作为治理地方的关键。他综合了黄河流域旱田耕作和江南水田耕作两方面的生产实践经验，并结合自己对农业生产的认识和体会，写成了 22 卷约 30 万字的农业生产著作《农书》。

王祯的《农书》分为 3 部分："农桑通诀"是总论性质，论述了农业生产发展的历史，基本思想是"以农为本"，综合天时、地利、人事方面的有利因素来发展生产。

它概述了耕、耙、种、锄、粪、灌、收等农业生产的整个环节，以及泛论林、牧、纺织等有关技术和经验。"百谷谱"谈的是栽培技术，是农作物栽培各论的部分，分项叙述了各种大田作物，以及蔬菜、水果、竹木、药材等种植、保护等栽培技术以及贮藏和利用的方法。

"农器图谱"篇幅最多，约占全书的 80%，是本书的一大特点。"农器图谱"是在宋代农器记载基础上的进一步记录。共附图 306 幅，无论在数量上还是质量上，都是空前的。不仅当时通行的农业机械形象被记录下来，甚至古代已经失传的机械也经研究绘出了复原图。如西晋刘景宣的牛转连磨，一牛转八磨，东汉杜诗的水排等，王祯并在描绘的水排图中将皮囊鼓风改绘成当时通行的"木扇"，这为我国木风扇的出现提供了一个有力的佐证。

《农书》还描绘了当时处于世界领先地位的农村所用的若干机械，如三十二锭水力大纺车，以及三锭脚踏纺车（棉纺），五锭脚踏纺车（麻纺）等。

"农器图谱"展示了中国古代农业生产器具方面的卓越成就，后代的农书和类书所记农具的大部分都以《农书》为范本。王祯编著《农书》，是为了帮助和指导农业生产，这也是他一生对农业生产研究和探索的结晶。

王祯由于对农业机械的改进很有兴趣，渐渐地也开始关注其他方面的机械革新，不管哪个方面，王祯只要感兴趣，就一丝不苟地去钻研它。

自北宋平民毕昇改进印刷术后，泥活字印刷便开始推广，到元代时已有了木活字。王祯看到排版者一范一范地摆字，很麻烦，他就想如果能用机械辅助，那将是事半功倍的事。经过反复琢磨和亲身实践，他设计制造出一种轮转排字架，活字依韵排列，排版时排字者坐着转动轮盘，就能找到需要的字。

大德二年（1298）曾利用王祯发明的排字架排印了《旌德县志》。王祯还编著了《造活字印书法》，并将其附载在《农书》之末，这是最早的系统记载并叙述活字版印刷术的文献。

王祯关注农业生产，对农业生产的经验和技术进行了认真的钻研和探索，并依此而旁及其他方面，不仅在农业生产技术方面取得了成就，也取得了其他方面的研究成果。他的事迹告诉我们：自然科学的各方面是有着特定的内在联系的，只要执着地去钻研，很可能获得多方面的成果。

王冕潜心绘荷梅

　　元朝末期，出了个有名的画家王冕。

　　王冕从小好学，但家境贫寒。由于读不起书，只好帮着家里放牛。七八岁时，有一天他路过学堂门口，听到里面琅琅的读书声，心中十分羡慕，就偷偷溜进了校门，躲在窗外听老师讲课，听学生们读书。学生放学了，他脑子里还想着刚才听过的课文，竟忘记把牛牵回家。从此，他就经常在放牛的时候偷着去听课。有时候光顾听课，没有把牛拴好，牛就会到处乱跑，最后被别人送到他家，邻人免不了向他父亲告状，说耕牛把田里庄稼踩坏了。父亲听了大怒，常常把他狠揍一顿，但每次打过之后，王冕还是照样去听课。

　　父亲便不再阻止他了。家里省吃俭用，省下一点钱，让他到学堂买几本旧书来读。白天，他常坐在柳树下看书；晚上，没有钱买油点灯看书，他就到附近一个庙里，借着长明灯的光亮读书。由于他刻苦勤学，学问渐渐长进了。

　　这样过了三四年。有一年的黄梅季节，一阵大雨过后，王冕出去放牛。他坐在绿草地上，只见天空里镶着白边的黑云渐渐散去，透出太阳光来，照得满湖通红。湖边山上，青一块、紫一块、绿一块。树枝像洗过一样。湖里10来枝荷花、苞子上清水滴滴，荷叶上水珠滚来滚去。王冕看着这美丽的景色，心里想：

"古人说'人在画中'，真是一点不错。可惜我这儿没有一个画工，把这荷花画下来。"他转念一想："天下哪有学不会的事，我自己为什么不画它几枝？"

王冕看天色渐渐黑下来，就牵牛回家了。第二天，他托人到城里买了些胭脂、铅粉之类，学画荷花。开始画得不好，练了3个月之后，他画的荷花活像从湖里摘下来贴在纸上的那样。乡亲看他画得这样好，都争着来买他画的荷花。

当时绍兴城里有个叫韩性的老先生，听说王冕如此好学，感到十分惊喜，就收王冕为弟子，教他读书，王冕高兴极了。他从来没有看到过这么多成架的书籍，因此如饥似渴地读起来。到20岁的时候，他已经把不少天文、地理、历史和经书读得滚瓜烂熟。同时，他还继续学画，尤其喜欢画梅和竹，并且逐渐入门了。

由于勤奋好学，王冕的学识大有长进，在学友中的威信也越来越高。老师韩性去世后，同学们就把他当作老师。

王冕是个很有抱负的人。他研究过兵法，练习击剑，常常自比诸葛亮，想做一番惊天动地的事业。但是，他参加过几次进士考试，都没有考中，王冕希望干一番事业的理想也成了泡影。

后来，他教书、卖画攒了一些钱，雇了船，到江南一带作了一次旅行。在杭州，他欣赏了西湖的水光山色，也目睹了人民忍饥挨饿的惨状，尤其看到了南宋皇帝的坟墓和北宋诗人林和靖的坟墓被饥民所盗的情景，心情很不平静，这也增加了他对元朝黑暗统治的不满，于是写下了《江南民》、《江南妇》、《伤亭户》等反映劳动人民悲惨生活的诗篇。

王冕后来还做过一次远游，渡长江，过淮河，去大都。在大都，礼部尚书因为非常喜欢王冕画的梅竹，就想方设法把他留下来居住，还想请他做师爷，让他暂不回乡。

这次数千里的游历，王冕领略了祖国北方的风光，扩大了眼界，开拓了胸襟，使他的画进入了更成熟的境界。

王冕回到家乡，从此一直隐居在九里山，以种田卖画为生。他在园子里种上了千枝梅树，并把他的画室命名为梅花屋，自称梅花仙。他仔细观察梅花的生长过程，从发芽吐叶、含苞待放到万蕊千花，他都十分清楚，因而作起画来，各种姿态的梅花，在他的笔下总是一挥而就，栩栩如生。

他画的梅以密取胜，但密而不乱，多而不繁。他首创的"以胭脂作没骨体"的画法（不用线条勾画轮廓，而用胭脂打底稿），对后世影响很大。王冕还把自己画梅的经验写成《梅谱》一书，传给后人，留传至今。

大学问家宋潜溪

　　宋濂，号潜溪，浙江浦江人，元朝闻名海内外的大学问家。他的学问是怎么得来的？用他自己的话说，就两个字，一个是"勤"，另一个是"艰"。

　　宋濂小的时候就热爱学习，但因为家穷没钱买书，只好经常向人家借书。他把借来的书，口读手抄心记，然后按时归还书的主人。认真读书，本来就是艰苦的过程，正逢隆冬时节，天寒地冻，屋子里的温度和外边相差无几，宋濂每每被冻得手指头都伸不开，连砚台里的墨都冻住了。尽管如此，宋濂仍旧读书抄书不辍，丝毫不曾懈怠。抄完了人家的书，及时送还，从来也不曾违约。宋濂借书讲究信用，有书的人也都把书借给他。诚实守信，使得宋濂"遍观群书"。

　　为了得到更多的知识，使自己得到深造，宋濂经常走出家门，寻访名师高人求学请教。最初他在文人梦吉门下，在"五经"方面受益匪浅。后来他又师从吴莱，习学古文，得其真传。

　　开始，吴莱并不喜欢宋濂，似乎是因为宋濂对吴莱的必恭必敬引起了他的反感。吴莱以为，一个真正求知欲望强烈的人，怎么会像官场上的人，对有用的人趋炎附势、点头哈腰的呢？

　　尽管吴莱对宋濂看不惯，但宋濂似乎并未觉察，仍旧站在吴莱的身边，或许老师会有意无意地看上他一眼，可他仍旧神态如初。时间长了，宋濂对老师始终是那样的神态，吴莱老师总有高兴的时候，毕竟还是教授了他许多知识。

外出求学，宋濂把手脚都冻伤了，仍旧痴心不改。出身有钱人家的同学，吃得饱，穿得暖，唯独宋濂衣单饥肠。贫富的对比，有人问宋濂：你觉得富贵如何？宋濂不假思索地回答："略无慕艳意。"他对富贵人家的同学，并没有羡慕眼热的意思。当然，宋濂追求的是学问，对眼前的浮华，怎么会去计较呢？

宋濂勤奋好学，终身坚持。即便是后来学有所成，仍旧虚怀若谷。他本来已经很有名气了，连当时的两个名家都认为宋濂的学问在他们之上，但宋濂仍旧对这两位极其谦恭。宋濂的谦虚，被人称道。

他在《送东阳马生序》一文中，记述了他求学的经历之后，不禁感叹道："盖余之勤且艰若此！"他把自己的治学精神，用"勤"与"艰"两个字概括，是真实与恰当的。其实，所有的求学者，几乎都要经历勤奋与克服困难的过程。懈怠、懒惰，无所成；怕吃苦，畏惧艰辛，也无所成。而真正能够达到成功彼岸的人，唯有把勤奋当作梯子，把艰苦作为动力的人。宋濂告诫太学的学生，在学习条件优越的情况下，"其业有不精，德有不成者，非天质之卑，则心不若余之专耳，岂他人之过哉"？学习条件好，学不好，没有德行，不是天分低下，而是没有像我那样用心专一。没有进步，是怪不得别人的。

宋濂学有所成，成为闻名海内外的大学问家，成功的经验，就是始终坚持勤奋与刻苦，在治学的道路上披荆斩棘，不断进取。

解缙出句显真功

解缙（1369—1415），字大绅，江西吉水人，明进士。曾任书庶吉士、翰林学士。编纂了《永乐大典》，著有《文毅集》、《春雨杂述》等。

明成祖听说解缙是才子，曾两次试探他。

第一次以皇后"有喜"为题吟诗。解缙吟："君王昨夜降金龙……"成祖说："是女的！"解缙吟："化作嫦娥下九重……"成祖说："已经死了。"解缙吟："料是民间留不住……"成祖说："扔到湖里去了。"解缙吟："翻身跳入水晶宫……"明成祖连连点头，说："卿真乃高才也。"

第二次以"鸡冠花"为题吟诗。原来，明成祖在御花园摘到一朵白鸡冠花，藏于袖内。他来到翰林院，对解缙说："卿能以'鸡冠花'为题吟诗吗？"解缙吟道："鸡冠本是胭脂染……"成祖突然从袖中取出白鸡冠花。解缙灵机一动，吟道："为何今日淡淡装？"成祖追问："你说为何？"解缙吟道："只因五更贪报晓，至今还戴满头霜。""好诗啊，好诗！妙绝啊，妙绝！卿乃绝才！"成祖赞道。

解缙不但诗词书画皆善，而且长于对联。他的对联，形式别致，清新隽永，花草树木，寄情山水。

他好以"褒联"赞颂心怀大志，才高德重的人。

一次，解缙听湖边书声琅琅，笑声阵阵。循声走去，只见一群孩子在湖边读书，对诗。幽美的风景，好学的孩子，使他沉浸在遐想中。听一个孩子吟道："蒲花桃花葡萄花……"解缙接口吟道："春华秋实。"孩子们看着这位文质彬彬的伯伯，悟出"春华秋实"是以物喻人，激励上进，都拍着小手蹦跳着："好噢，好噢！"

解缙好以"贬联"回击那些向他挑衅的权臣庸吏，傲士腐儒。

一次，朝廷宴会上，一个大臣冲解缙出了一讽喻上联：

三猿断木去山中，小猴子怎敢对锯（句）！

解缙对道：

一马污足陷泥里，老畜生岂能出蹄（题）！

满堂发出一阵哄笑，那大臣狼狈不堪。

又一次，一个秀才摇头晃脑地对解缙说："久闻贵才子善对，今特来领教。"说完拉着长腔吟了一副："牛跑驴跑跑不过马，鸡飞鸭飞飞不过鹰。"解缙随口吟道："墙上芦苇头重脚轻根底浅，山间竹笋嘴尖皮厚腹中空。"这个秀才无地自容，溜之夭夭。

这正是：勤者才，惰者庸，解缙奇才在勤功。

潘季驯治理黄河

　　潘季驯（1521—1595）字时良，号印川，浙江乌程（今吴兴）人。他是明代著名的水利专家。

　　嘉靖二十九年（1550），潘季驯考中进士，被任命为九江推官。后来，被破格提升为御史，旋即又任广东巡按使，推行均平里甲法。他到地方任职巡察时，注意百姓疾苦，对危害百姓生活的水旱灾害格外关注。他认为百姓衣食多取决土地之利，因土地遭受水旱灾害而难得收成，百姓便困窘不堪，轻则流落他乡，重则卖妻鬻子，铤而走险，社会也就不安定了，诉讼纷争，盗贼蜂起，就在所必然了。他平时还注意搜罗百姓及前人治理水旱灾害的经验，以备急患。

　　嘉靖四十四年（1565），他被提升为右佥都御史，总理河道，他和朱衡一起商量筹划，开出了一条新河道。

　　隆庆四年（1570），黄河在邳州、睢宁决口，很多人流离失所，他奉朝廷之命前去堵塞河决口处。

　　万历五年（1577），黄河又在崔镇决口，他以右都御史兼工部左侍郎代为河漕尚书，带领士兵和百姓修筑堤坝，堵塞决口，为了加固堤防，他命人在堤坝的外围又修建了一道很长的堤坝。

　　他治理黄河，常常亲自到各地考察地势。凡增筑设防，置官建闸，以至于木石材料，都加以悉心的筹理。

由于长年的奔波，潘季驯积劳成病。

潘季驯先后4任河道总督，对黄河的治理卓有成就。他晚年把自己一生治理黄河的经历和心得著成《河议辨惑》、《两河管见》、《宸断大工录》等书，为后世治理黄河提供了借鉴。

以往治理黄河，大都采用分流的办法，即将黄河水的一部分引入其他河道，以减缓黄河的水势，降低灾情。

潘季驯在治理黄河的过程中，认真地研究了水流性能和黄河的实际情况，针对黄河含沙量大的特点，认为治理黄河不应该采取"分流"的办法，分流的办法只不过是"就症而措，未得致患之理"。因为采取分流，则水势必然会减缓，水势减缓则更有利于泥沙的淤积，泥沙大量淤积则河床增高，水患跟踪即至。

潘季驯主张以水治水，因为水势猛，就可以冲刷河道的淤积泥沙，不断地冲刷河道就深了。所以他提出一个新办法，就是加固加高黄河两岸的堤坝，使黄河水势迅猛，用水去攻泥沙。

他说治河的方法，没有什么奇特的窍门，全在"束水归槽"，而束水的方法，只在"坚筑堤防"。为了防御河水溃决，他规定要设几道防线，即筑缕堤、遥堤、月堤和格堤4种（缕堤距河近，是第一道防线，缕堤内又筑月堤以止水；遥堤离河远，是第二道防线，格堤在遥堤内，以阻水流）。

潘季驯还规定在伏秋洪水暴涨的时候，要实行"四防"和"二守"。四防是"昼防，夜防，风防，雨防"，二守是"官守"与"民守"。

潘季驯"以水治水"，并把防治结合起来，发展了前人治理黄河的经验。

"道法自然"、"异曲同工"，潘季驯治理黄河别出心裁的事实告诉我们，世界上没有放之四海而皆准的真理，也没有千古不变的教条，只要从实际出发，实事求是，勇于探索，那么，"长江后浪推前浪"，"青出于蓝而胜于蓝"，并非是可望而不可即的狂言诞语。

李贽老年更勤奋

李贽（1527—1602），号卓吾，泉州晋江人。他是明朝一位富有战斗精神的思想家。

李贽幼小时，家境贫寒，但刻苦好学。由于他治学认真，意志顽强，终于获得了渊博的学识。

他主张读书人要有"超然志气，求师问友于四方"。他到北京的时候，已经是个年迈老翁，听说澹园老人焦竑对《易经》很有研究，就去拜访焦竑说："您允许我做一个老门生吗？"

焦竑比他年轻了15岁，听了这话非常感动。于是就和他结成了好友。李贽跟着焦竑学习《易经》，每天熟读一卦，直到深夜才肯休息。

经过3年刻苦努力，终于把《易经》中的六十四卦读通。

李贽59岁那年，把家属送回福建老家去，自己单身来到湖北麻城，靠朋友的帮助，在龙潭的芝佛院（寺院）定居下来。照一般人看来，到了这个年龄，已经年老力衰，无所作为了。但李贽却正是从这个时候开始专心攻书，发愤著作。

寺院里比较清静，食宿也不必发愁，李贽就朝夕苦读。从儒家经典到佛教经文，从史书到杂说，从诗词到曲赋，无所不读。他把读书当作最大享受，完全忘记了自己身在外乡，孤身一人，年岁已老。

在他 70 岁那年，他写了一首《读书乐》的四言长诗，最末两句是"寸阴可惜，曷敢从容"！意思是说，每一寸光阴都是宝贵的，怎么能够随便放过呢！

白发苍苍的李贽，在芝佛院住了 10 多年。他每天手不释卷，伏案苦思，丹笔批书，墨笔著作，笔不停挥，写下了 30 多种著作。其中最著名的两部书《焚书》和《藏书》，公开地向封建礼教和道学思想提出了挑战。

> 人们称颂李贽写文章不循世俗之见，而是发表自己独到的见解，文章深刻、透彻、严肃，具有难能可贵的独创性和反叛精神。

陈实功探索医理

陈实功（1555—1636）字毓仁，江苏南通人。他是明代著名的外科学家，对外科学的发展起了重要的作用。

陈实功很小的时候就刻苦学习，他读了很多医药学方面的书。他对长辈文学家李攀龙关于"医之内外有别也，治外较难于治内。何者？内之症或不及其外，外之症则必根于其内也"的医学见解很感兴趣，他决定探索内科与外科的关系，尤其是外科的病理及医疗方法，于是从少年时代起就专门研究外科。

40年的探索历程中，陈实功始终如一，刻苦努力，严格要求自己。他强调，无论内科、外科都必须勤读古代医学名著，要手不释卷，熟读消化，以达到灵活运用并能用其指导医疗实践而不致发生差错的目标。

同时，陈实功还指出：对当代有名的文学家、哲学家、医学家新编的医理、辞说，也必须广泛参阅，以增长学问和见识，这是做一个好医生所必备的基本条件。

由于不断实践，他在外科理论和外科手术方面都有独到之处。晚年的时候，他认为如果把自己多年积累的经验和体会留传下来，可能对后世医学多少有些补益。于是把外科大小诸症，分门别类地从病理、症状、治法、典型病理，以及药物的炼制等一一记载下来，为了便于记诵，还编成许多歌诀。陈实功在万历四十五年（1617）写成了《外科正宗》。

《外科正宗》对大多数的外科疾病都首先综述各家的病因病理学说，详述其临床症状和特点，论述各种疾病的诊断方法和要领，指出出现何症为吉，出现何症为逆，出现何症为死候。然后介绍各种治疗方法、方剂或手术的适应症、禁忌症；指出何症宜内治，何症应外治，哪些病要进行外科手术方可治愈，并且大都附录了自己成功或失败治疗的病案。全书组织严密，科学性较强，是中国医学发展史上的一部重要著作，对外科学的发展有着很大的影响。

陈实功除了理论方面的贡献外，对外科疾病的认识和外科手术的创造也有独到之处。例如：他把鹤膝风（类似膝关节结核）附于骨疽（类似骨结核）条目下，以充分的论据指出二者类同的症候，相似的愈后，有区别的诊断要领和基本一致的治疗方法。他正确指出内服药和外用膏帖只有渐渐取效，没有成效就会造成痼疾。他承认自己还不能很快治愈这种骨关节结核病变的客观事实，这显示了他实事求是的科学精神。

关于阑尾炎，虽然《内经》和汉代张仲景已早有认识，也创造了有效的治疗方法，但对阑尾炎发病的诱因和病机等还缺乏系统的认识。陈实功总结自己的临床观察所见，指出了阑尾炎的诱因和病机。

陈实功认为，男子暴急奔走，影响肠胃的消化转送功能，造成肠胃出血，浊气壅塞肠胃，容易发生阑尾炎；妇人产后体虚多卧，不能坐起活动，造成肠胃功能失调，也容易导致阑尾炎；饥饿、过饱、酒醉、饮食生冷、担负重物，都容易导致阑尾炎。

他在《外科正宗》中所绘制的肠痈图，所标明的体表部位是很精确的。按其绘图测量，其部位在麦氏点和兰氏点之间。这说明他观察病人是非常细致的，洞察力和综合分析能力也是十分惊人的。

在内外科的关系上，陈实功强调外科医生不仅要掌握外科治疗技术，同时也要掌握内科知识。在护理方面，他强调要注意病人的饮食营养，反对无原则的饮食禁忌。他认为前代有些医家不分青红皂白，只要是创伤、疮疡，就要病人忌食鸡、鸭、鱼、肉等，这不但妨碍了病人的营养吸收，也降低了病人抗御外伤、修复疮疡的能力。

陈实功很重视外科手术。他反对轻视手术的保守疗法，主张内服药物疗法和外治手术并重，特别对脓肿一类疾病，强调尽早手术切开引流。为了减轻病人痛苦和缩短治疗时间，还在扩大治疗范围、创造手术器械和精心设计手术方法上做出了杰出的贡献。

食道异物在没有现代食道镜应用前是一个棘手的疾患。陈实功发明的乌龙针为解决外科医生治疗这一疾患提供了较为科学的治疗器械。他指出：如果针、钉、鱼骨等异物在咽部，可从口内以乌龙针取出；若已到咽部以下，则用乌龙针送到胃内，以便大便排出。

他还指出病人误吞针、钉、骨刺哽于咽部的时候，应设法从口内取出。方法是：用乱麻筋一团，搓龙眼大，以线穿系，留线头在外，汤湿急吞下咽，顷刻扯出，其针头必刺入乱麻团中同出。如不中，则再吞再扯，以出为度。

这种方法在今天看来，是比较简单而原始的。但在 300 多年前，能创造出这种比较科学的方法，设计出这样精巧的器械，则具有较高的科学价值。

陈实功还在治疗脱疽（血栓闭塞性脉管炎）和摘出鼻痔（鼻息肉）方面进行了许多成功的探索。

陈实功所以能在外科学的发展中取得这样伟大的成就，与他一生刻苦钻研，重视基础理论，重视理论联系实际，不墨守成规等思想观点有着密切的联系。与他高尚的医德也是不可分的。

陈实功平时以"五戒""十要"要求自己。"五戒"的主要内容是医生不得计较诊金的多少；对贫富病人要平等对待；医生不得远游，不得离开职位，以免危急的病人因得不到及时的治疗而发生意外。"十要"主要是要求医生勤读先代名医确论之书，旦夕手不释卷，细心体会，使临症不会发生错误；对药物则一定要精选，绝不可粗制滥造等。

陈实功是中国历史上一位杰出的外科医学家。清代名医徐灵胎对他的《外科正宗》有很高的评价，推荐为学习外科的教科书。现代一般外科中医师也都重视这部著作，把它作为必读之书。

陈实功重视医学基础理论，提倡"治外必本诸内"的学说，反对轻视诊断，乱投药物，纠正外科易于内科的错误观点，对疑难病例据实客观分析，以及在外科疾病诊断、治疗、手术等方面敢于求索创新的精神，至今仍然值得我们借鉴。

徐光启格物穷理

徐光启（1562—1633）字子先，号玄扈，上海人。他是明代杰出的科学家。

徐光启出身于一个小商人兼小土地所有者的家庭，早年从事过农业生产，对于土地的利用问题深有体会，他说："天下没有不可利用的土地，人们困蔽的原因在于怠惰无思，饱食终日，不肯处心积虑地去从事生产劳动，去求索致富的门路。"

由于家乡常受到倭寇的侵扰，他也很注意学习兵书。他认为，古来万世，世事纷繁复杂，人们只要善于发现现实中的问题，鼓起勇气，百般求索，就没有克服不了的困难。

在20岁到40岁期间，徐光启先后以秀才和举人的资历在家乡和广东、广西等地以教书为业，阅读和研究了丰富的古代典籍，尤其是有关生产科学方面的知识，这为他日后进行科学研究打下了坚实的基础。他曾与耶稣会传教士利玛窦等人有来往，跟利玛窦学习了西方的天文、历算，以及火器制造等方面的知识和原理。

徐光启42岁时在南京加入了天主教会。在他看来，儒教和佛教过于重视内心的修养和主观上对人生的领悟，所以，西方的天主教胜于儒学和佛教，便于学习和领会，而且天主教中蕴藉着一种分析研究事物的现象，探求事物内在联系的学问，即所谓

"格物穷理之学"，他认为这种"格物穷理之学"的重要特征就是注重外在事功。

天主教的这种独到的特征，使徐光启最为神往。他认识到，反求内心，关注内心的儒学和佛教是虚学，而格物穷理之学才是实学，才更有助于国家的富强和民生的幸福安康。他思索的脚步已经触及东西方两种不同文化特质的比较方面了。

第二年，他进京考取进士，任翰林院庶吉士，正好利玛窦也在北京，徐光启就同他一起研究中西方的天文、历法、数学、地学、水利等学问。

徐光启与利玛窦等人共同翻译了许多西方科学著作，如《几何原本》、《测量法义》、《泰西水法》等，成为介绍西方科学的先驱。他自己也编著了不少关于历算、测量等方面的著作，如《测量异同》、《勾股义》等。

徐光启从翻译西方科学著作的工作中，加深了对数学重要性的认识。他在与利玛窦合译《几何原本》序文中指出，数学所以成为一门最基本的科学，在于他是"众用所基"，能为许多学科所用，如天文、历法、水利、测量、声乐、军事、财会统计、建筑、机构、绘图、医学等。可见，他已明确地认识到了凡有量的关系存在的地方，就必定要用到数学。

对于欧洲的天文学，徐光启颇感兴趣，这是因为欧洲天文学的特点是，用严格证明的逻辑方法力求解释天体运动现象的所以然。徐光启掌握了欧洲天文学方面的知识后，每次预报天象都较其他人准确，所以名望和威信都很高。

崇祯二年（1629），由于钦天监推算日食又发生了错误，徐光启才被任命主持明代唯一的一次具有重大意义的历法改革工作。这次历法改革是以西方历法为基础，工作虽然繁重，又有来自朝野上下保守势力的百般刁难和阻挠，但徐光启毫不畏惧，毫不气馁，他对这项工作做了通盘的精心的规划和安排，使整个工作进展比较顺利，崇祯六年（1633）编成了一部130多卷的《崇祯历书》。

这部书虽说是集体创作，却凝聚了徐光启本人大量的智慧和心血，全书大部分都经过了他的修改审阅。《崇祯历书》已开始接受近代天文学和数学的知识，突破了中国传统天文历法的范畴。

对科学技术方面的研究，除了天文、历算之外，徐光启用力最勤、收集最广的要算是在农业方面的研究了。因此，在他丰富的著述中也以《农政全书》最为重要。

《农政全书》是徐光启几十年心血的结晶，是一部集中国古代农业科技之大成的著作。全书共60卷，50余万字，分农本、田制、农事水利、农器、树艺、蚕桑、蚕桑广类、种植、牧养、制造和荒政12项。《农政全书》转录了很多古代和农时代的农业文献，这部分可以说是前人成就的选编，很便于参考使用。徐光启自己撰写的有6万多字，虽然只占全书篇幅的1/8，但都是他经过亲自试验和观察之后取得的材料写成的，所以科学性较强。

他对前人的著作，不但是选录，也附有自己的见解或评论。如对《唐新修本草》注中所说菘（即白菜）北移都变芜菁，芜菁南移都变菘的错误，就以自己在家乡种植芜菁的实践说明芜菁不会变为菘，并解释了芜菁南移根变小的原因和在南方培养大根的方法。他不愧是一位注意探索自然规律的科学家。

徐光启在《农政全书》中写的专题部分，值得重视的有：在垦田与水利方面，他主张治水与治田要相结合。他曾在天津屯种实验，很有成效，他认为京师附近发展水稻等粮食作物的潜力很大，可以解决不必要的漕运问题。如果能够实现的话，南粮北调的矛盾就可以缓解。

徐光启在上海试种高产备荒作物甘薯后，证明在长江三角洲同样能生长良好。他非常注意选种，他说："种植作物，选择好良种最为重要，最为关键，如果长期种植不良的种子，刻板化，单一化，就会使天时、地利和人力的大半都白白地废弃了。"

对于保守思想和偏见，他以大量作物移植成功的事例指出："如果认为作物的种植取决于适宜它的土地，是不可改变的，那是毫无道理的。"

徐光启对蜡虫和蝗虫也很有研究，成为详细记述白蜡生活习性和蝗虫生活史的第一人。他研究蝗虫生活史的目的是为了灭蝗，在除蝗问题上所用的研究方法，也很为后人所推崇。

处处留心皆学问，不懈求索终有果。徐光启一生，不论是在童年，或是在壮年、老年，不论是为民，还是为官，都善于观察和发现问题，勇于实践，不懈追求和探索，身体力行，笔耕不辍，终获累累硕果。他是明代杰出的科学家，是具有近代思想气息的学者，也是中国历史上进行东西方文化比较的第一人。

《天工开物》宋应星

宋应星（1587—1661）字长庚，江西奉新人，他是中国明朝杰出的科学家，我国古代四大科学名著《天工开物》的著作者。

公元 1615 年，宋应星经乡试，中举人。但宋应星对功名富贵却毫不在乎。当时，中国资本主义已有萌芽，一些读书人开始致力于实际学问，宋应星也走上了这条路。他决心写书，写一本与老百姓吃饭穿衣密切相关的书。

宋应星经过一番实际考察和资料查阅后，看到古代关于吃饭穿衣的书已经有过不少。可是，全面而又详细地记载各种科学技术和制造工艺的书，还不曾有过，而且有些书还需要补充和订正。据此，宋应星决心写一本包罗衣食住行学问的书。

宋应星从农业开始写起：人所以能活在世上，靠食五谷为生。五谷是靠人种植的。在养活人们的粮食中，稻占 7/10。稻分两大类，有粳米、有糯米……

写到这里，宋应星写不下去了。他皱起眉头，想道：下面谈怎么写，稻是怎么种出来的，可自己一点都不懂。

于是，宋应星就拜农民为师，学习水稻的种植和其他农作物的栽培。他还自己开辟了土地，作为实验田。经过一番艰苦的劳作与学习，掌握了实际知识，自己开辟的实验田也获得了丰收。望着丰收的景象，他不胜感慨：真是像辛弃疾在《西江月》词中说的那样，"稻花香里说丰年"啊！后来他就是这样把农作物学艺一点点地搞得十分精通，之后又开始了科技与工艺方面的学习。

当时是明朝末年，江西的景德镇已经成为全国的瓷业中心。因此，他首先从瓷器制作写起。经过一段的苦学，瓷器、陶器的制作工艺，他都掌握纯熟了，就又进行铜、铁器铸造的工艺学习。宋应星将铜铁工场看到和听到的浇铸工艺等方面的知识全都记了下来，还专门调查研究了采矿、冶金、造纸、榨油，以及车船、兵器的制造过程等，积累了著书的丰富资料。

可正当宋应星要积极著书的这一年，他却被派到奉新县西南的分宜县担任主管教育的小官——教谕。这是一个清闲的差使，他买下了一间小小的草屋，继续著书。他白天、黑天写啊、画啊、改啊、抄啊，把原稿涂了又涂，改了又改；许多地方，墨笔写的黑字被红色的笔涂没，改上去的红字又被墨笔的黑色抹去，补充的文字写不下去，由一根粗线引到纸的背面。或者做上记号用另一张纸补入……

也不知大叠大叠的书稿，曾凝聚着他多少的心血啊！

春末的一天，宋应星抄完了最后一段，把全部文稿，分门别类地归成 20 卷，然后铺开一张白白的连史纸，蘸饱了墨，写下了铁画银勾的正楷字："天工开物"书名。

宋应星将书名题为《天工开物》，反映了他的朴素唯物主义思想；而书中所记载的内容，更是翔实精妙。

1637 年（明崇祯十年），《天工开物》初版本正式问世了。这是一本详细记述中国古代农业、工业和手工业等技术、闪耀着劳动人民智慧光辉的巨著。刊印没多久，这本书就被译成日文、法文、英文等外国文字，国外称它为"中国 17 世纪的工艺百科全书"。

宋应星以实事求是的科学精神，通过调查研究，立志苦学，得出了许多科学结论；他的《天工开物》与贾思勰的《齐民要术》、李时珍的《本草纲目》、徐光启的《农政全书》，并称为中国古代四大科学名著。

"家食"堂里宋应星

宋应星 28 岁时考中举人，后任江西分宜县教谕。他对束缚人才能的八股文不感兴趣，而把精力放在深入调查研究实用的生产技术的问题上。他对士大夫们轻视生产劳动的态度深为不满，认为士大夫们的这种态度于国于民都不利。他不停地思考探索着，如何才能富强国家？如何才能造福民生呢？

封建时代的知识分子常把自己的书房叫某某堂、某某斋，而宋应星却别出心裁，不追求世俗所称道的高雅之意，把自己的书房起名叫"家食之问堂"。"家食之问"，就是关于家常生活如衣、食、住、行及日用品之类的学问。"家食之问堂"也就是探讨家常生活之类学问的书屋的意思。

"家食"的出处，见《易·大畜》，此书中说："不家食，吉：养贤也。"意思是说，在上者有大德，能以官职养贤，不让贤者在家里自食。宋应星取"家食"二字，表示他所研究的学问与当时封建官僚、士大夫们所搞的那一套不同，不是空谈道德性理，而是切实研究于国计民生有用的学问。他说：打算读书做官的人肯定不会对他所探究的问题感兴趣，因为他所探究的问题与读书做官毫无关系。

宋应显认为真正了不起的是具有真才实学、知识渊博、敢于并善于探索钻研的人，而那些高谈义理、侈论心性之家是不足为训的。他深受商品经济的影响，指出发展商业的必要性，对那些驾车驭马、摆舟横渡的官商很是赞赏，认为他们能通有无、调余缺，增殖社会财富。

宋应显感到祖国疆土广大、物产丰盈，物质生产领域中的知识实在太丰富了；对任何事物都有多听听多看看的必要。

宋应显冲破了书斋学者那种"人唯圣贤、物为经籍"严重脱离实际的陋习，他深入下层，虚心向农民、手工业者和其他生产劳动者学习生产技术知识，开阔视野，促使自己向更广泛的知识海洋中探索。

通过书本学习、躬身访察和实际生产劳动，宋应星积累了极其丰富的生产技术知识，并以惊人的毅力和卓越的才华完成了图文并茂的科技巨著《天工开物》。

《天工开物》全书分 18 卷，包括作物栽培、养蚕、纺织、染色、粮食加工、熬盐、制糖、酿酒、烧瓷、冶铸、锤煅、舟车制造、烧制石灰、榨油、造纸、采矿、兵器、颜料、珠玉采集等，几乎谈到了农业、手工业部门中的所有重要的生产技术和过程。

宋应星在此书中详细地记载了各种工农业生产的具体操作方法，特别详细地介绍了各种先进的生产技术。如在农业方面，记有培育优育稻种和杂交蚕蛾的方法；在冶炼方面，有炼铁联合作业、灌钢、炼锌、铸铁、半永久泥型铸釜和失蜡铸造的方法，其中不少工艺至今仍在应用，如有名的王麻子、张小泉刀剪就是使用了传统的"夹钢"、"贴钢"技术；在纺织方面，有用花机织龙袍、织罗的方法；在采矿方面有排除煤矿瓦斯的方法等。以上生产技术都是当时世界上首屈一指的。

从书中出现的大量统计数字，如单位面积产量、油料作物出油率、秧田的移栽比、各种合金的配合比等来看，说明宋应星比较重视实验数据，是经过一番深入细致的询访调查的。

宋应星还把所搜集的材料进行认真地比较研究，提出了不少科学的见解，如他根据煤的硬度和挥发成分，提出了一项符合科学原理的煤的分类方法，很有实用价值。对于一些长期流传下来的错误观点，如"珍珠出自蛇腹"、"沙金产自鸭屎"、"磷火即是鬼火"等都进行了有理有据的驳斥。

《天工开物》刊行后，很快传到日本，并在日本翻刻，广为流传。1869年有法文摘译本，后又译成德、日、英多种文字，受到世界各国的重视。它是关于中国古代生产技术，特别是手工业生产技术的宝贵文献，为世界誉为"中国17世纪的工艺百科全书"。

如此巨著，若没有深入细致的调查研究，没有执着的追求和探索，是很难完成的。不仅如此，没有战胜世俗偏见的勇气和信心，没有对社会较为深切的洞察，写出这种独树一帜的巨著也是不可能的。宋应星认为这是于国于民，颇有裨益，就毅然为之而奋斗，他这种务实求本、勇于攻坚的精神是难能可贵的。

勤奋造就女诗人

在中国古代，著名的女诗人犹如凤毛麟角，是屈指可数的。那些有成就的女作家，大抵都要经过一番比男子更刻苦的努力，李因就是明朝后期一位苦学成名的女诗人。

李因出身于贫寒之家。在封建社会里，女孩子最要紧的是学会针线活和打扮自己，至于读书写字，除了富贵人家的小姐以此来消遣解闷外，穷人家的女儿是很少学习的。再说，女孩子也不能进学堂，赴场考试。李因从小就和别的女孩子不一样，她喜欢读书，不喜欢涂脂抹粉，打扮自己。只要一有空闲，就立刻抓紧时间读书写字，作诗绘画。

李因的家里很穷，买不起纸墨笔砚和灯油。为了学习，她想出许多办法来克服困难。她在每天早上打扫房间的时候，总要先在积有灰尘的桌子上练一会儿字，然后才用抹布把灰尘擦掉。

秋天，柿子树的叶子发黄凋落，李因就把黄叶子扫起来，一筐一筐地留着，当作写字用的纸。夏日的晚上，李因捉来许多萤火虫，把它们放在蚊帐里，依靠它们发出的亮光读书。

李因读书，简直到了废寝忘食的地步。她的父母对她说："你这样不分白天黑夜地读书，迟早是要苦出病来的。"李因总是说："不会的，真的不会的。"她母亲仍然不放心，规定她只许白天读书，一到天黑就督促她去睡觉。可是，李因在床上翻来覆去睡不着。

有一天，她突然想起一个办法来：睡觉之前，把火炭事先埋在灶灰里，然后才去睡觉。等父母睡着以后，她掀开被子，悄悄地爬起来，轻手轻脚地摸到厨房里，把埋在灰里的火炭扒出来，带到自己的屋里，点燃蜡烛……

为了防止光线射出去，被家人发觉，她就用衣服、被子把窗户遮住，然后偷偷地读起书来。一直到感觉疲倦的时候，才去睡觉。就这样神不知鬼不觉地夜读了很长时间，她十分高兴。

由于李因好学不倦，10岁时就能朗读《诗经》、《尚书》，而且过目成诵，不漏一字。李因还从小养成了写读书笔记的习惯，每天都要写几千字的笔记，寒暑不辍。

李因17岁时，便嫁给了光禄寺少卿葛征奇做妾。离家出嫁那天，她陪嫁的东西是装满了几大箱子的书和读书笔记。

本来，在当时的那种条件下，女子结了婚以后，往往因生儿育女和繁重的家务而放弃了自己的学业。李因却不是这样，结婚以后学习的兴趣仍然很浓，而且照样那样勤奋。

李因的丈夫官职常常变动，李因也就常常跟着他到处奔波。在旅途中，李因不论是坐在船上，还是骑在驴背上，都随时随地抓紧时间读书作诗。她的诗集《竹笑轩吟草》和《续竹笑轩吟草》收入的260多首诗，大多数是在旅途中写的。

李因生长在封建社会里，那时候女子是没有什么地位的，尤其像李因这样一个家境贫寒、身为"待妾"的人，更被人们所轻视。可是，由于李因刻苦读书，并获得了一定成就，人们却很敬佩她。当时，她丈夫家乡的地方志上，为她作了传记，并把她的诗编成集子出版。

方以智好学勤记

　　方以智，字密之，号曼公，安徽桐城人，是明末清初的唯物主义思想家和爱国主义者。他精通哲学、自然科学、文学、医学等许多门科学，一生写下了不少著作，现存的就有 28 种之多。这些著作，大部分是在他的读书笔记的基础上充实发展起来的。

　　从少年时代起，方以智就好学勤记。每读一本书，遇到自己特别喜爱的篇章、片段或警句，他就用卡片抄录下来，反复吟读 10 余遍，然后把它贴在墙壁上。这样，每天至少都要抄上六七段，甚至是十几段。每当读书作文告一段落，在房中散步的时候，他就借此机会再看看、读读墙上的那些篇章、片段。

　　方以智给自己立下一条规则：每天必须有计划地把墙上内容从旧到新地读上三五遍，直至滚瓜烂熟，一字不漏为止。四周墙壁都贴满了，就把前两天所贴的收下来，藏到书笼中，再把当天刚刚抄录的，贴补在空白之处。这样，每天收下一批，又补上一批，从未间断过。他用这种办法积累了上万段精彩的文字，为以后写文章打下了坚实的基础。

　　除了用此方法外，他还勤于记读书笔记。每读完一本书，他都要写很详细的读书笔记，记录自己的心得体会，摘录书上重要的文句，常常一天要写十几条或几十条。他的笔记本很多，有的用来记录为人处世的道理，有的用来记录自然科学知识和社会科学知识，有的用来记录地方上的风俗习惯和奇闻轶事，有的用来记录奥妙的哲学道理。每隔一段时间，他就要整理一番，分类归纳，编出索引，以备查阅。

方以智写读书笔记很认真，不仅字写得端端正正，而且还特别详细。他为了研究一个问题，常常要翻看许多书，搜集许多民间生活材料，直到把问题彻底弄清楚为止。

有一次，方以智为了研究明朝以前人们住的房屋、用的器具和穿的衣服，就翻阅了70多种书，还访问了许多老年人，终于把这些方面的问题弄清楚，写出了很详细的研究报告。他经常不断地写笔记，右手握笔的部位都长满了厚厚的老茧，以致老茧最后竟凸起很大一块，朋友们都戏称这为"六指"。

方以智的读书笔记博及群书，考据精确，这对他后来的写作帮助很大。方以智的著作《通雅》，曾获得世人很高的评价。

盲诗人刻苦治学

中国明末清初有个著名诗人，名叫唐汝询，字仲言，松江华亭（今上海松江）人，是个双目失明的人。

唐汝询出身于"书香门第"，家庭读书风气很盛。他生下来的时候，长得眉清目秀，双目并未失明。由于受家庭环境的熏陶，他3岁的时候就开始跟着哥哥读书认字了。但是，在他5岁那年，突然出了天花，经过医生抢救，虽然保住了生命，可他的两只眼睛却不幸失去了光明，从此他再也看不见书，看不到世间的一切了。

起初，唐汝询感到非常伤心，觉得这样活着，生不如死。可是过了一段时间，他逐渐安定下来了。心想，天下无难事，只怕不立志，只要刻苦学习，就一定能学到知识。于是，他每天摸到书房里去，用心听几个哥哥读书吟诗，并把听到的文章和诗歌一字一句地牢牢记在心里。

一个双目失明的人，要想记住许多文章和诗歌，自然是十分困难的事。他费尽心机死记硬背，同时也想出了一些办法帮助记忆。他仿照古时候人们使用过的结绳记事法，用几根粗细不一的绳子，在上面打上各种各样的结，把整篇文章和诗歌记录下来。有时，他用刀子在木板或竹竿上刻出各种各样的刀痕，用来记录文章和诗歌。当几个哥哥出去玩耍，没人念书给他听的时候，他就摸着绳结和刀痕，大声地朗读起来。

因为唐汝询肯用功，虽然双目失明，读的书却不比几个哥哥少，成绩也不比他们差。后来，他不但读了许多书，而且学着作诗。他作诗的时候，如果有人在身边帮忙，就大声把诗句念出来，叫人帮他写在纸上；如果没人帮忙，就依旧用结绳和刻刀痕的办法把诗记下来，等有人帮忙的时候，再把它翻译成文字，请人写在纸上。

由于唐汝询刻苦读书，所以取得了可喜的成绩，他一生写下了上千首好诗，出了好几本诗集，如《编蓬集》、《姑蔑集》等。同时，还给一些深奥的唐诗做了注解，书名为《唐诗解》。这是他刻苦自励，不为双目失明而放弃学习，笃志读书，克服重重困难而取得的成就。

吴又可专攻温病

　　吴又可，又名吴有性，姑苏洞庭（今属江苏苏州）人，生活在大约 17 世纪上中叶，明末医学家，温病学说形成的奠基人。

　　明朝末年，战乱频仍，疫病流行。崇祯十四年（1641），吴又可亲自看到疫病在山东、江苏和浙江等省猖獗流行，很多人都染上了病，有的甚至全家都染上了病，一条巷子里 100 多家，没有一家幸免；一家数十口人，没有一人活下来。

　　当时，不少医家出于职业道德，热心地为病人治病，可是却错误地用治疗伤寒的方法来治这种疫病，结果白白死掉的人难以计数。事情过去很长时间，他还每时每刻深感那些可怜的病人没有死于疫病，反而死于医家之手的沉痛教训，决心对温病的成因、传染途径，以及平日用过的验方做深入细致的研究和探索。

　　吴又可对先代医家的医学著作钻研之余，还经常冒着患病的危险亲自到传染病发生的地区进行采访、调查，并将所获得的第一手资料进行分门别类的研究。日积月累，积累了比较丰富的认识温病和治疗温病的经验。

　　吴又可是一位实事求是、一丝不苟的人，他反对因循守旧，富有革新思想。他认为先代医家张仲景虽写了《伤寒论》，可是只是针对一般外感风寒的，和瘟疫迥然不同。

　　对于传染病的病因，他认为"既非风寒所致，也非湿热造成的，而是天地间一种不同寻常的气导致的"。对于所谓的"异气"，他又称为"戾气"或"杂气"。他认为"戾气"的种类很多，只有某一种特点的"戾气"才能诱发出一种特定的疾病。

他还进一步肯定"戾气"又是疔疮、痈疽、丹毒、发斑、痘疹之类外科和儿科病症的原因。这种把传染病的病因和外科、小儿科传染病感染疾患的病因，都看成是由于"戾气"引起的见解，对于外科、小儿科疾患感染的防治，具有重要的理论和实践意义。

此外，在对传染病的治疗方面，吴又可主张针对发病的原因而进行医治，他说"因邪而发热，但治其邪，不治其热而热自己。夫邪之于热，犹形影相依，形亡而影未有独存者"。他希望终有一日，能发明治疗各种病患的特效药。

所有这些，都涉及了现代传染病的各个方面。他所处的时代是 17 世纪，而他的成绩是在东西方都还没有应用显微镜来观察致病微生物的情况下取得的，这是了不起的科学成就。

吴又可根据自己长期对温病的观察和研究所取得的经验，写成了《温疫论》，书中提出了一整套有关传染病的新思想和新学说，为温病学说的形成奠定了基础。

吴又可敢于跳出当时绝大多数医家所拘泥的张仲景的《伤寒论》的古法，跳出只在伤寒学的注释上转圈圈的窠臼。他猛烈抨击伤寒中墨守成规的做法，把这种保守思想嘲笑为"指鹿为马"、"屠龙之艺"无所施的泥古不化的思潮。这种善于思考，勇于突破前人框框的进取思想，是值得后人学习的。

吴又可的成就启示我们，在科学的领域里，前人的成就是应该尊重的，应该学习的，但不能满足前人已取得的成就，不能被前人所定的框框限制和束缚住。

徐霞客远游探险

徐霞客（1586—1641）名弘祖，别号霞客，江苏省江阴县（今江苏省江阴市）人。他是我国明末清初杰出的地理学家。

徐霞客的家乡江苏省江阴县位于当时商品经济（特别是纺织业）最发达、资本主义萌芽的长江三角地区，这里经济发展的新貌给人们以很大影响，这里的人们思想比较活跃。

徐霞客的祖先当过大官，到他父亲这一代家境已中落，但他仍有一定田产。徐霞客从小读过很多书，最使他感兴趣的是那些记载山川、名胜和旅行的书籍，他很早就决心摒弃科举人仕的道路，立志游五大名山。他的母亲思想比较开放，她鼓励儿子应该外出增长见识，还特地为他缝制了一顶远游冠，更喜欢听他旅游回来讲述所见的新奇事物和各地的风土人情，这对徐霞客献身于地理考察，也起了促进作用。

徐霞客一生博览了大量的古今地理学典籍，当他看到黄河的水域不及长江的1/3时，就产生了为什么长江的源头短而黄河的源头长的疑问。他不满意前人写地理书多沿袭旧说、臆测附会的做法，决心通过自己的实地考察来认识祖国山河的真实面貌。

徐霞客的身体很好，了解他的人都称他"身健似牛，轻捷如猿"。正因如此，每逢登山，即使没有通向山顶的路径，他也能毫不费力地攀缘上去；每逢渡河，即使不由津口，他也能从容不迫地泳渡到彼岸；每逢探迹洞穴，即使坎坷曲折，他也能像轻猿系挂高枝、长蛇贴附岩壁那样深入洞内，查清各个洞的出口。他日行百里以后，还能在夜间把当天观察所得记录下来。

徐霞客对远游探险有极其浓厚的兴趣，他从 21 岁开始游太湖，到 54 岁（逝世前一年）从云南抱病回家时为止，几乎年年出去游历考察，足迹遍及华中、华东、华南和西南各省，也常常往来海上。早年的旅行，偏重登名山，游奇胜，搜奇览胜。51 岁以后，注意力转到探索自然奥秘、揭示自然规律上来。

在远游四方的 30 多年中，徐霞客不避艰险，步行数万里，到过 16 个省、3 个市。所到之处，对地貌、地形、物质、水文、气候、植被都做了深入细致的调查。

徐霞客登山一定要登最高峰，下海一定要到海底，钻洞一定要钻到最深处，找水一定要找到源头。如对长江源头的考察，纠正了"岷江导江"的说法。他北历三秦，南及五岭，西出石门、金沙江，终于弄清了长江的上游不是岷江，而是金沙江。他曾考察过 101 个岩洞。如对七星岩的考察，做出了详细的记录，其记录和今人对七星岩实测的结果完全一致。

在探索大自然的奥秘过程中，徐霞客经历了无数次艰辛。在最初远游的日子里，他曾失足落水而差点丧了性命。登峭壁悬崖，苔滑、多险，多次陷于绝境。

有一次，徐霞客和一个和尚、一个仆人结伴去云南，途中遇见了强盗，和尚被强盗用刀砍伤，很快就死去了，那个仆人也吓跑了。但徐霞客没有动摇，意外地躲开那场祸乱之后，仍继续前行，终于到达了目的地。

徐霞客一生中最重要的也是最后一次旅行是 50 岁时从家乡出发远游西南。这时他的孙子已经 3 岁了，家中又有遗产，游历生活也过了大半生，学识文章也已得到了时人的赏识，在这种情况下，一般人就想在家里有儿孙绕膝的欢娱气氛中安度晚年、享受天伦之乐了，可他认为正是由于年事已高，才要争取时间实现早已纳入远游计划的"万里遐征"。于是，他又毅然决然地踏上远游的征途。

旅途中，艰辛无数。一次，徐霞客游潇水发源处的三分石，岭地峻峭，没有落脚的地方，他便两手攀缘丛竹，悬空前进，这样攀行很长一段路，直到天黑时才到达一个较平坦的地段。由于无水，晚饭也做不成，只有烧柴围火休息。后来风雨交加，连火也熄灭了，通宵就这样在旷野的风雨和黑暗中度过。

到了贵州、云南的多雨地区，徐霞客常淋着雨跋涉在高山深谷之中，夜晚借宿，有时就睡在牲畜的旁边。

还有一次游湖南茶陵的麻叶洞，人们都说洞中有神龙奇鬼，不画符保佑，不施法术避邪，难以进入，徐霞客不相信这一套，他和一位仆人，手执火把，来到了洞口前，由于洞口狭小，徐霞客就先使自己双脚进入洞内，然后探至洞的幽深处。

在云南腾冲时，为了采集悬崖上的一种藤本植物，在无计可施的情况下，徐霞客回到寓所，然后和挑夫一道，拿起斧子和绳索造了一架临时梯子后前往，终于得到了这种未曾见过的植物。

究竟是什么力量驱使他不辞劳苦，不顾生命安危地旅行、考察、采标本、写日记呢？这力量来自于徐霞客内心对名山大川真实面貌了解的渴望。徐霞客在生命的最后一刻，还在不停地研究放在病榻前的矿石标本。

徐霞客的一生大都是在远游中度过的，直到 56 岁。他积劳成疾，双脚不能走路，才被用轿从云南送回家乡。徐霞客游历一生，但没有游戏人生，他终于用自己的汗水和生命写成了一部涵盖自然界和社会诸方面的游记，即传诸后世的著名的《徐霞客游记》。这是他在人类科学史上的贡献，是宝贵的文化财富。人们称这本游记是"世界真文字、大文字、奇文字"。

英国李约瑟博士在《中国科学技术史》上评价徐霞客说："他的游记并不像17世纪所写的东西，倒像是20世纪的野外勘察记录。"徐霞客给后人留下的不仅仅是一部游记，他为探索大自然奥秘而舍安逸、忘生死、求索攻坚的精神，永远激励着后人。

谈迁矢志著《国榷》

　　谈迁（1593—1657）原名以训，字观若，明朝灭亡以后改名为迁，字孺木，浙江海宁县（今浙江省海宁市）枣林人。他是明清之际一位著述谨严、卓有成就的历史学家。

　　虽然谈迁家境贫寒，但自幼就酷爱历史，而且这种独特的兴趣随着年龄的增长有增无减。因此，他在弱冠之年就读了大量的史书。他逐渐认识到历史的价值贵在经世致用，不读史就难晓古今沿革和兴替，不读史就不能很好地治国平天下；史贵真实，学用经世。他阅读史书，勤奋不苟。幼时培养起来的兴趣在激励着他，严酷的社会现实也在不时地激发着他，他处在明朝腐朽没落后金崛起的动荡的历史时期，明朝的官员们声色犬马、结党营私；谈及国事，争相推避，只会媚颜悦主，无视女真雄视中原、破国亡家近在旦夕的危机，忠臣见谤、奸佞横生。

　　耳闻目睹这一切，谈迁心痛如焚，他深感自己手中的笔越来越沉重了，他决心终生不做官，用真实的笔触写下这时代的巨变，留给后人，作为永世的借鉴。

　　谈迁勤读史书，并非徒留耳讼，炫耀人前以为博，而是用自己的眼光和心灵来重新审视历史，力求心得。在阅读史书的过程中，他发现明朝的实录中有好几朝的实录在内容上有失实、歪曲的现象，而且各家编年史中又多有讹舛疏陋、肤浅冗沓的弊病，于是，他决心亲自动手编写一部真实可信的明史。

谈迁的编写工作始于明朝天启元年（1621），在饥寒交迫的环境中，用了6年的时间完成了初稿。他发现初稿在内容等方面还不完善，以后陆续加以修订。清顺治二年（1645），他又续订了明末崇祯、弘治两朝的史事。为了求真求善，谈迁修订增补初稿就花了长达26年的时间，光阴如流水，并未付东流！

谁料想，两年后，也就是1649年，这部花了半生心血编撰的稿子全部被人偷走了。这意外的打击，使谈迁这位57岁的老人痛心入骨、悲愤欲绝，忍饥挨饿的日子熬得过，访求史籍的辛苦也受得起，可这飞来之祸怎么也料想不到啊！到哪里去寻找自己的书稿呢？难道几十年的心血就这样付之东流、终生难遂心愿了吗？感至于此，伤心的泪水从他那满布皱纹的脸颊上流落下来，点点滴滴，滴滴点点，洒落在他那旧得发白的衣衫上。他步履蹒跚地来到户外，良久地站立着，任无情的凄风撕乱他花白的头发，任如鞭的淫雨击打他那摇曳的身躯……

书稿是找不回来了。但谈迁转念一想，初稿不是人写的吗？只要人还在，就有书在。他的泪眼最后涌动出的是意志、希望的火，是对余生光阴切切的关注。他决心趁自己的脑子和手还好使，起笔重写。又经过了5年时间，终于将《国榷》重新编成。望着案前堆积如山的书稿，他的脸又绽开了笑容，这是终生夙愿的达成，是经历身心交瘁艰难岁月后流露出的倔强和自信。这时谈迁已62岁了，他时感力不从心，脑子也有些迟钝了，手脚也不太灵便了。但他没有气馁，为了定稿，他竭力想把那些因时间太久而印象模糊的事迹弄清楚。他只身一人带着仅有的一点银两携书稿来到北京，去访问那些明朝遗老、豪族、宦官，并亲自到那些故址旧迹踏查。

长期的写作生涯，使他的头发全白了，眼睛也花了，清苦的生活使他只能穿粗布衣衫，在那些达官贵人眼中，他只不过是个穷秀才，没有什么值得尊重的。因此，谈迁常常遭到冷遇。但他不灰心，不泄气，直到把模糊的问题弄清为止。他深知达官贵人的白眼算不了什么，关键是自己如何努力，去实现自己的夙愿，做一个终生无悔无愧的人。他这样偌大年纪，还走访了"十三陵"，登上了香山，对那些古迹，反复考察，哪怕是一块残碑、一截断垣也不放过。他一边观察，一边在纸片上记录，不肯漏掉有补于书稿的丝毫信息。他为对书稿拾遗补阙而搜寻资料，几乎达到了如醉如痴的境界，人们都把他当成疯子、傻子，可他心中有足乐事，哪管世人的睥睨和奚落，一步一个脚印，依然故我。他就是这样在北京待了整整3年。离京后回家对书稿继续进行修订，直到自己满意，才正式定稿。成书后的第二年，这位一生矢志为自己的著述事业而不懈奋斗的老人与世长辞了。

谈迁编著《国榷》，主要根据列朝实录和邸报，再广求遗闻，参以诸家编年，所采诸家著述达百余种。他对实录和诸家著述并不轻易相信，对史事的记述采取慎重态度，取材广，选择严，能择善而从。这就为其编著工作在技术处理上又增加了一层难度。特别应该指出的是，《国榷》关于万历以后明朝及后金史事的记载，多为他书所不传，加之当时没有刊行，没有遭到清人篡改，所以史料价值较高，是后人研究明史比较可靠的资料。

为了著成这部史书，谈迁从1621年动笔到1656年定稿，前后用了35年时间。不论是烈日炎炎的盛夏，还是冰天雪地的隆冬；无论是在途经坎坷的旷野，还是在月映烛照的斗室，他都没有懈怠过。

> 谈迁的一生是在穷困的环境中度过的，直到晚年，仍靠当幕友，办些文墨事务，代写应酬文章来维持生活。他这种百折不挠、求索攻坚的精神是难能可贵的，受到了后人的景仰和称道。谈迁和他的《国榷》一同辉映在中国的历史上。

黄宗羲毕生求索

黄宗羲（1610—1695），字太冲，号南雷，晚年自称梨州老人，当时社会上称之为梨州先生。他是明清之际杰出的思想家和著名的史学家。

黄宗羲出生于浙江余姚县（今浙江省余姚市）黄竹浦一个世代官宦并充满学术气氛的家庭。在父亲的影响下，自幼就喜爱读书，但不盲目苟从。他的父亲黄尊素教他八股时文，他很不感兴趣，总是喜欢自己爱读的书，读了不少有关天文、地理、历算、人物传记方面的书。他对当时的社会问题很关注，还私下对朝廷中的达官显贵评头品足，对朝廷的决策提出自己的见解。他的父亲和其他的东林党人同魏忠贤为首的阉党进行了坚决的不屈不挠的斗争。对此，黄宗羲深表钦佩。

天启六年（1626）3月，黄尊素等东林党人被魏忠贤陷害逮捕入狱。临行前黄尊素要黄宗羲拜前来送别的刘宗周为师，向刘宗周学习理学，在这生死离别的时刻还教导黄宗羲说："作为一个学者，不能不通晓史事，应该读一读《献征录》。"从此以后黄宗羲努力攻读史书，他通读了明代的《实录》和《二十一史》。他每天天不亮就起床，等到第二日的头遍鸡鸣才休息，不敢有丝毫的怠惰，这是他勤奋治史学的开始。

历史上杰出人物的深邃思想启发着他，那些动人的事迹激励着他。他以历史经验来洞察现实社会，并立志要身体力行，投入到激烈动荡的社会中。

在学术上，他勇于探索，勇于袒露自己的观点，批判那些无补于社会的学术见解。黄宗羲从北京回到浙江后，到绍兴证人书院听刘宗周讲学。当时有一个叫陶奭龄的知名学者也在绍兴讲学，陶奭龄把佛教禅宗的学说和因果报应思想羼杂到理学中来，声势很大。为了发扬刘宗周的经世学说，黄宗羲联合了60多位名人到证人书院听讲，大造舆论，批判陶氏的佛学观点，陶被迫偃旗息鼓。

黄宗羲在了解社会的实践中，清醒地认识到，士人应关注天下大事，思索之，参与之，要担负起天下的兴亡；朝纲混乱，奸佞横生，百姓困厄，那是士人的耻辱。

崇祯十一年（1638），阉党阮大铖在南京四处招摇，图谋东山再起。复社名士陈定生、吴应箕草写《留都防乱揭》揭露阮大铖的阴谋，要求把阮逐出南京城。当时，阮大铖的余党尚存，爪牙林立，但黄宗羲不惧险恶，在《留都防乱揭》上领衔署名。在崇祯一朝，黄宗羲积极地参加东林复社人士领导的政治活动，到各地游历。在他外出的日子里，仍坚持学习。崇祯三年（1630），他在南京从韩孟郁学诗。崇祯六年、七年，他在杭州孤山读书，和一些名士自相师友，互相切磋，学问有很大长进。这时候，他的视野也开拓了不少。

清兵占领南京、苏州、杭州之后，浙东各地纷纷组织义军抗清，拥护鲁王以监国的名义成立政府。黄宗羲也在余姚黄竹浦组织青壮年数百人为义军，沿钱塘江布防，老百姓称呼他带领的军队为世忠营，后来黄宗羲来到鲁王的流动政府。

由于失去了兵权，对政事没有多少发言权，但黄宗羲不甘空耗光阴，一有时间，他就对授时历、泰西历、回回历进行校注。

他的某些天文历法著述就是在这种动荡的环境中完成的，如果没有惊人的毅力是很难做到这一点的。此外，在海上抗清时，他还写了许多诗篇，记述抗清事实。

康熙元年（1662）南明永历帝在昆明被清政府杀死，南明灭亡，至此，黄宗羲看到恢复明朝已失去希望。就回乡著书立说。这时他已是53岁的老人了，他决心在自己的有生之年，为后人留下自己探索的经验。

经过多年的努力，黄宗羲写出了大量著作。其主要著作有：《明夷待访录》、《明儒学案》、《宋元学案》等。

长期不懈的思考使他的思想日趋稳定，社会的巨变及个人沧桑的经历，使他的思想更加深刻，更加成熟。他为了研究明朝灭亡的原因和改革君主专制的弊端而发愤治学。

从一代代王朝兴衰历史中，黄宗羲看到，每一个王朝的倾斜，都是由于君主贪婪、残暴；每一个王朝的兴起，都始于血腥风雨中的争斗。他认为封建的君主专制制度是造成社会危机的总根源。

黄宗羲指出"天下最大的祸害就是君主"，因为"君主把天下的利益尽归己有，把天下的祸害全部推给别人"，君主为了得到或维护自己的统治地位，即使使天下人肝脑涂地，使天下百姓家破人亡、妻离子散，也在所不惜。

黄宗羲反对以君为主、以天下为客的不合理现实，赞美以天下为主，以君主为客的尧舜之世。他从民众的利益出发，去评价治乱，他说："天下或治或乱，不在于一姓的兴亡，而在于万民的忧乐。"并进一步提出为臣之职应该是"为天下人，不为君主；为万民，不为一姓"，一代王朝的君主死了，做臣下的没有必要跟从他的君主去死，没有必要自杀为君主殉身。

黄宗羲还认为，法律应该是天下人的法律，朝廷君臣没有什么高贵，百姓也没有什么低贱。他主张改一家一姓之法为天下之法。他说，天子认为对的未必对，天子认为错的未必错。他主张提高宰相权力，由士人来公论是非，限制君主的权力，使君主不敢自以为是。这种公议国家是非的学校有些类似近代的代议机关。这是一种限制与监督君权的思想。这种民主思想为中国近代的资产阶级改良派和革命派提供了历史借鉴。

黄宗羲一反传统的"重农抑商"思想，提出"工商皆本"。他认为世俗中迂腐的人们不稽古事，不辨事理，把工商当成末业，妄加评论，并竭力压抑，是十分荒唐可笑的。工商两业皆有益于社会民生，都是本业。这种思想反映了当时商品经济和资本主义萌芽发展的要求。

黄宗羲注重实践，不尚空谈。治学态度严谨刻苦，严核考证，实事求是。他认为明朝的灭亡和明人的学风有一定的关系。他认为明人专事口耳记诵之学，学无根底，喜欢空谈。

黄宗羲指出，学问是用来经世的，不是用了炫耀的，他和他的弟子们形成了一个以经世思想为指导、以研究史学为特点的浙东学派。他的《明儒学案》总结了明代近300年的思想发展，包括了明代各派哲学家的学术思想和主张，这是中国第一部比较系统的学术思想史专著。他实事求是的学风和经世致用思想，于今仍有教育意义。

> 黄宗羲一生坎坷，不断地学习、实践、探索。他的晚年生活比较清苦，有时以卖文糊口，但仍坚持著述，年过80，还时刻不肯怠惰。正因如此，他才以有限的生命做出了重大贡献。

顾炎武著书立说

顾炎武（1613—1682）初名绛，字忠清，明朝灭亡后改名炎武，字宁人，曾自署蒋山佣，号亭林，学者称之为亭林先生，江苏昆山人。他是明末清初时期的著名学者和杰出的思想家。

顾炎武出身于江东望族。他的祖父是个很有见识的人，他受祖父的影响很深，幼年时就博览群书，特别喜爱读司马光的《资治通鉴》和司马迁的《史记》。他关心国家大事，总爱探讨国计民生的大问题，他认为读书必须联系实际，反对空发议论。

对于明朝的腐败，顾炎武深恶痛绝，少年时就参加了"复社"反对宦官权贵的斗争。清军入关后，他参加了嘉定、昆山一带的人民抗清起义。

清军攻陷昆山，他的生母及两个弟弟均遭难，抚养他的养母誓死不降清朝，绝食自杀，临终前嘱咐顾炎武说："我虽是个女子，然以身殉国是理所当然的事，希望你不要做清朝臣子，我死后就可以闭上眼睛了。"

顾炎武把养母的话牢记心头，永志不忘。抗清斗争失败后，他隐居不出，以明朝遗民自守，誓死不做清朝的官员，清廷几次征召聘请他前去做官，均被他拒绝。

他看到清朝的统治日益稳固，匡复明朝势不可行，就把满腔的义愤和深邃的思索凝注于笔端，去探索国计民生的要道，去探索胜败存亡的原因。

从 45 岁时起，顾炎武用了 20 年的时间，遍游了华北各地，10 次拜谒明陵（明朝皇帝的陵墓），考察了各地的风俗人情，并在雁北开荒。

这些实践丰富了他的生活，也加深了他的认识。顾炎武认为明王朝的灭亡固然由于政治的腐败，但边地守将平庸，良将难用，以致边防失利也是一个不可忽视的重要因素。于是立意写一部关于山川要道边防战争的书。他到处跋山涉水，考察地形、地貌，分析地理位置的重要性。

他边考察，边读书，边写作，经过长时间的艰苦努力，终于写成了论述山川要道边防战争的专著《肇域志》。这也是经世致用学术思想的具体体现。

想到国破家亡、夷人入主中原的残酷现实，明王朝君主专制政治的腐败又一幕幕浮现在眼前，社会动荡，民不聊生的大问题，又将他的目光从民族问题、政权问题上引向对整个社会问题的关注。

顾炎武认为君主一人独治，天下唯命是从，以致奸佞当道，有识之士屈陈下僚，天下怎能不亡呢？于是，他反对君主专制的"独治"，主张更多地吸收知识分子的"众治"。

他说："君主临御天下，不能靠自己一人独治，如果一人独治，刑罚之事就多了；如果众治，刑罚之事就会得到妥善的处理。"

他反对君主分封子弟为侯而治理国家的办法，主张郡县制。他说："分封诸侯王治理国家的失误，是王国的权力太专；设置郡县治理国家的失误，是君主的权力太专。"

在他看来，只要限制君主权利，加强地方官吏职权，以增加地方官守土的责任，则国家就可以富强，国家的百姓就可以免于贫困，各行各业就兴旺发达，社会就可以长治久安了。

他还认为治乱的关键在于人心风俗，因此主张正风俗以正天下。他认为明王朝灭亡与风俗日下、教化纪纲堕废也有关系。他说："我看世风的趋向，才知道治乱的关键在于人心风俗，所以转移人心，整顿风俗，则是教化纪纲不可缺少的。长期养成的良好风尚，也会在一朝一夕败坏无余。"

他认为士人要有强烈的社会责任感和使命感，即所谓"天下兴亡，匹夫有责"。

他认为贫富不均也是社会不安定的一个重要因素。他说："百姓之所以不安分、不安心，是因为有贫有富；贫困的人不能保障自己的生存，而富有者又常担心有人向他求助而十分吝啬，于是贫富之间一定会争夺财富。"

顾炎武有如此考虑，也是明王朝灭亡事实的启示，因为明末李自成领导的农民军提出"均田免粮"的口号，向地主阶级发起了猛烈进攻，加速了明朝的灭亡。

他同情农民，攻击城市和货币，提出一个反对征银、最好征收谷物的办法。发展农业生产是他经济主张的要点。顾炎武对治乱兴衰的思索中固然有许多固执和偏见，但更多的是具有进步意义的探求。

顾炎武在探索治乱兴衰原因的同时，也对士人的学风和治学思想加以深入思考。他主张"经世致用"，"明道求世"，反对士大夫空疏不学、空谈心性、昏庸无耻的学风。他认为明末理学的弊端是"不习六艺之文，不考百王之典，不综当代之务，论夫子论学论政之大端一切不问……以明心见性之空言，代修己治人之学。股肱惰而万事荒，爪牙亡而四周乱，神州荡覆，宗社丘墟"。

他认为著书立说应该有益于世，凡是和六经之指无关，于当世之务无益的文章和事，都不要去做。这种治学思想决定了他治学方法是：读经自考文始，考文自知音始，务求不失原意；研究问题时注重考证，列本证、旁证，不以孤证为凭。这是实事求是的学风。

　　顾炎武自幼读书有个习惯，就是做读书笔记，分类抄录，发现错误及时纠正，重复的删掉。这样日积月累，最终编成了一部涉及政治、经济、史地、文艺等内容极其广泛的《日知录》。这是一部被社会公认的极有学术价值的著作。

　　　　顾炎武一生以"天下兴亡，匹夫有责"的责任感和使命感，不断探索和追求着，虽隐居独守而宏志未泯，笔端触及悠远，眼界却立于现实。他抨击封建专制的进步思想对后来的资产阶级民主革命产生了一定的影响，他那矢志不渝的坚强意志和实事求是的精神将永远激励后人求索攻坚，报效国家。

王夫之隐居著述

　　王夫之（1619—1692），字而农，号姜斋，湖南衡阳人。晚年隐居湖南石船山麓，人称船山先生。他是明末清初三大杰出思想家之一。

　　王夫之年少时，聪颖过人，才华出众。他4岁时就跟从长兄王介之读书，7岁时读完了《十三经》，14岁时考中了秀才，16岁时开始学习诗文，他阅览的古今诗文不下10万首。

　　少年时的王夫之就开始留心政务，喜欢向人们询问各个地方的事情，像那些山川险要、物质生产、典章制度的沿革等方面的问题，他都认真地钻研。

　　王夫之年轻时曾考过举人。张献忠的农民军经过湖南时邀他参加，被他拒绝。清军攻入湖南，他举兵反清，失败后在南明桂王政权中任过小吏，南明政权的腐败使他触目惊心。

　　顺治九年（1653），王夫之逃到湖南西部的耶姜山，开始了他屏迹幽居的生活。在这动荡的历史时期，这种屏迹幽居的生活也很难长久。

　　顺治十年（1654），清廷恢复在湖南的统治，下令"薙发"，让汉人保持和清人一样的发式。王夫之拒绝"薙发"，他改换姓名，变易衣着，浪迹于荒山野岭之间。在极其艰苦的条件下，王夫之仍然坚持著述，先后完成了《老子衍》、《黄书》等著作。顺治十四年（1658），王夫之返回家乡的"续梦庵"。次年秋天，完成了《家世节录》，这时王夫之已经40岁了。

顺治十八年（1662），南明政权覆灭了。悲痛之余，王夫之感到大势所趋，匡复明朝的愿望已成泡影，便痛下决心，隐居著述，不再以为抗清而南北奔波为要。他要对汉民族自取败辱的教训做出理论总结。在此后几年中，王夫之先后完成《尚书引义》、《读四书大全说》、《春秋家说》、《春秋世论》等反映其哲学、政治思想的重要著作。

康熙十四年（1675），王夫之迁居到石船山下，建造了一个茅草房，居住下来。他称之为"湘西草堂"。在这里，王夫之度过了余生17个年头。他17年如一日，发奋著述。故国灭亡的灾难和痛苦在时时地折磨着他，总结亡国灭家历史教训的责任感和使命感在催促着他。

王夫之每天天未明就起来读书写作，一直干到深夜。白天热了，他就打开窗子，夜晚昏暗，他就伴着孤灯。他对《十三经》、《二十一史》，以及张载、朱熹的遗书进行再三仔细地阅读和研究。有时饥寒交迫而来，死亡随时都可能降临到他的头上，但他毫不在意，仍然在克服生活困难的同时继续钻研。

到了暮年，他体弱多病，磨墨、执笔都很困难，还常常把笔墨放在床榻旁边，竭力地去编纂、去注释说明，表现出炽热的爱国主义精神和顽强坚毅的治学意志。

史学名著《读通鉴论》、《宋论》，以及《楚辞通译》、《周易内传》、《诗广传》、《噩梦》、《张子正蒙注》、《庄子通》、《俟解》、《夕堂永日绪论》等重要著作都是在这一时期完成的。

康熙三十年（1691），王夫之已73岁了，他患病很长时间，哮喘、咳嗽，但仍不停地阅读着。康熙三十一年（1692）正月，他病故于石船山下的湘西草堂。王夫之的丰富著述，展示了他卓越而智慧的思索，散射出许多进步思想的光芒。

清初三大思想家就唯物主义的彻底性而言，当首推王夫之。他总结了中国古代的哲学，是中国古代哲学的集大成者。他把中国古代朴素唯物主义发展到最高水平，不愧为中国古代杰出的唯物主义哲学家。

首先，他继承和发展了张载的"太虚即气"的学说，明确地提出气是构成宇宙的物质本体。

其次，他认为物质是可以转化的但却是不灭的。他尖锐地批判了佛教和一切唯心主义者关于万物的生灭由心决定的思想。

再次，他批判了宋明理学关于理气、道器关系的主张，提出了唯物主义的解释。他认为理是依赖气而存在的客观规律，道是属于器的。

王夫之还发展了古代的对立统一的辩证思想。他认为事物是矛盾双方对立的统一，矛盾的双方是互为存在的前提，互相依存而不可分。他还认为运动是宇宙的本性，是永恒的，绝对的。

王夫之在批判继承古代认识论的基础上，建立了朴素的唯物主义认识论体系。他认为客观事物是第一性的，人的认识是第二性的，认识必须符合客观事物。

他的社会史观也有不少进步的因素。

首先，他认为社会是发展的，进化的。他反对泥古不化，反对"奉尧舜以镇压人心"。他称发展规律为理，称历史发展的总趋向为势。他认识到理势不能割裂，"势因理成"，"迨已成理，则自然成势"。这种"理势合一"的思想是对柳宗元"势"的思想的继承和发展。

其次，他批判了宋明理学"去人欲，存天理"的唯心主义道德观，他认为人们的欲望要求是合乎天理的，"私欲之中，天理所寓"。

他反对君主专制，要求政治改革，提出均田地以安天下的主张。

王夫之的治学思想和治学方法也是比较进步的。他主张学与思兼用。他说"学非有碍于思，而学愈博则思愈远；思正有功于学，而思之困则学必勤"。

由于时代和阶级的局限，王夫之的唯物主义思想仍然处于朴素的唯物主义阶段。其政治思想有明显的剥削阶级烙印。但是，他能刻苦发奋，隐居著述，站在时代的高度，对中国古代哲学进行一次系统的总结，提出了许多闪着理性光辉的见解，这是难能可贵的。他刻苦钻研的精神和毅力，于今仍值得我们学习。

王锡阐钻研天文

　　王锡阐（1628—1682）字寅旭，号晓庵，江苏吴江人。一生勤勉好学，经常观测天体，对中、西天文历算都有精湛的研究，是清代乃至中国古代史上杰出的天文学家。

　　王锡阐自幼喜欢读书，对有关天文历算方面的内容尤其感兴趣。他不仅重视书本知识，而且也重视实践，从少年时代起，夜晚遇天气晴朗，就登上屋顶，仰着头，观察天象，有的时候竟一晚不睡。他总是把观察的结果记录下来，仔细推敲，认真比较。不论是酷暑严寒，还是身患疾病，他都没有停止过。

　　王锡阐生活的时代，正是西方传教士在中国传教趋于频繁时期。西方的传教士在传教的同时，把西方的科学技术知识也传到中国。王锡阐不仅对中国历法有独到的研究，而且对西方历法也进行了深入的钻研，并指出了西方历法的若干缺点和错误。

　　如西方历法以为月亮在近地点时，视直径小，故食分大。对此，王锡阐正确指出：视径大小，是人眼观察的结果。是因人而异的。食分大小，却应该根据实径。太阳的实径，不因地面观察点的高低而有所不同。地影实径，却因观测点的远近而有损益，最低之地影大，月入影深，食分不得反小；最高之地影小，月入影浅，食分不得反大。

　　又如，王锡阐指出，按小轮系统算月亮运动时，除了定朔、定望外，其他时刻都应加改正数，但西方历法却不用这一改正数，好像日月食一定发生在定朔、定望，然而事实上只有月食食甚才是在定望。王锡阐更以交食的实测事实，证明西法并不完全准确。即他从实践和理论上都证明并非是完善的。

正是在对中西历法都做了透彻研究的基础上，王锡阐编著了《晓庵新法》。全书共6卷，吸收了两者的优点，有所发明创造。他提出了日月食初亏和复圆方位角计算的新方法，依次计算公元1681年9月12日发生的日食，较其他方法都准确。他独立发明了计算金星、水星凌日的方法，还提出了细致的计算月掩行星和五星凌犯的初、终时刻的方法，都比中西历法有所进步。

王锡阐之所以取得独步时代的天文学方面的成就，是和他刻苦钻研、注重实践的学风密切相关的。他继承和发扬了中国古代天文学者"验天求合"的实践与理论相结合的优良传统。不以书本为据，而以实践为宗。

除此之外，也和他在学术交流上的态度有关。他对中、西之学均采取去粗取精、去伪存真的科学态度，既不盲从迷信，也不拒而远之。他主张排除中西方有别、尊华夏而卑西人的偏见，力求集众家之长而会通其内在原理，不要拘于名目故步自封，孤芳自赏，而应学习、判定，取其精华，去其糟粕。

王锡阐说："数术是依理推导出来的，历法是依据天象制定出来的，无论中历、西历，在方法上都有可取之处，为什么一定要区别是东方的还是西方的呢？客观存在的道理应该昭明，为什么一定要区分新旧呢？"

他反对盲目推崇西方历法，他说："西方历法中的论见，那些被今天的实测所检验所证明了的，可以吸取，如认为是不可改易的，用它来指导实务，以求发展，是不可以的。""考证古法之误，而存其是，择取西说之长，而去其短"则成了他的研究工作的重要特色。

王锡阐是 17 世纪的科学家，在浓重的封建制度的氛围下，能如此看待古今中外的文化科学知识，并真正做到了"古为今用，洋为中用"，无疑是超越时代的。他探索中西方科学的态度，在科技发达思想开化的今天，也是我们继承文化遗产和进行文化交流所应借鉴的，因为科学的探索离不开探索的科学。

阎若璩勤以补拙

阎若璩，字百诗，号潜丘，山西太原人，后迁居江苏淮安。他是清代著名的考据家。

他家世代是读书人，父亲对他寄予很大的希望。可他从小口吃，又很愚钝。6岁上学时，一篇文章即使读了多遍，他还背不出。老师认为他实在不是读书的材料，就找到他的父母商量，劝其退学。但阎若璩坚决不肯，在他的苦苦哀求下，老师才勉强同意他再留一段时间。

阎若璩为了能够继续在校学习，他放弃了几乎所有的休息和娱乐时间。别的孩子在玩游戏，他却在学习；家里的人入睡了，他还在灯下看书。他就是这样艰难地"爬行"着。

阎若璩本来就多病，再加上他勤奋读书，休息不好，所以身体越来越坏。母亲心疼他，于是就不准他学习，只要一听到读书声，便将他手中的书夺走，加以制止。阎若璩没法，就不敢背出声来，而是默记，又怕被母亲看见，所以总是偷偷躲着看。

15岁那年，在一个寒冬的夜晚，他读了一段书，但怎么也弄不懂它的意义，心里十分焦急。已经打过了四更，天气又那样寒冷，但是问题没有解决，他难以安心睡觉，便独自坐在那里苦思冥想。忽然心中一亮，一下子想通了，他感到非常高兴。

从此，凡碰到疑难问题，他都下决心弄通弄懂，从不放过疑点。阎若璩就靠这种好学肯钻的精神弄通了许多问题。这也使他认识到，只要肯学，愚钝会变成聪明，不知会变成多知，从而增强了学习的信心。

从此，阎若璩下苦功钻研经史，寒暑不避，日夜不止。并把古人的话"一物不知，以为深耻；遭人而问，少有宁日"写成对联贴在柱子上，作为自己的座右铭。

阎若璩也正是这样做的。他20岁的时候，就怀疑《古文尚书》中的"古文"25篇并不是真正的古文，后来一直把这个问题放在心里。经过20多年的钻研、考证，查看了大量书籍，用丰富而精确的材料，证明那25篇是东晋梅赜的伪作，并且写了《古文尚书疏证》一书，推翻了《古文尚书》1000多年的假案，轰动了清初的学术界。

阎若璩的学术成果，至今还被专家学者引用。他的精诚所至、金石为开的求学精神，一直激励着后人去攀登、去创造。

康熙注重学科学

康熙帝（1654—1722）即清圣祖爱新觉罗·玄烨，他是清朝入主中原后的第二个皇帝。他 8 岁即帝位，15 岁亲政，直到去世。他是中国历史上在位时间最长的皇帝，也是中国历史上罕有的能身体力行学科学的皇帝。

康熙帝爱好自然科学，一有余暇，就学习自然科学知识，力求把握其中的原理。他兴趣比较广泛，对中国历史、文学有相当的鉴赏能力，又喜欢美术，推崇程朱理学。在天文、历史、数学方面也有比较好的基础。

因此，当他接触西方科学的时候，态度是积极的，而且自己也渴望学习这些知识。他早年师从南怀仁学习欧几里得几何学，每天听讲，孜孜不倦。后来又学习测量、天文、物理和医学。在宫中设置了研究化学和药学的实验室。

南怀仁去世后，他又请耶稣会传教士白晋和张诚在内廷讲学。在讲授之前，先令他们学好满文和汉文，而康熙帝自己却不学外文。传教士讲授的学科有测量、数学、天文、解剖学和哲学等。张诚在到北京的第 3 年即将几何、三角和天文方面的书籍译成汉文和满文印出，作为教科书和供皇帝阅读之用。这时康熙皇帝已经 30 多岁了，但学习的劲头依然很高。

由于努力学习，康熙的自然科学知识，特别在数学、天文学和测量学方面了解较多。例如他能评论著名数学家梅文鼎的著作，曾召见梅文鼎畅谈历象算法；能计算河道闸口流水，昼夜的多少；能用测日晷表，画出正午日影的至处，经检验一点不差。

在康熙帝 58 岁那年，巡视大运河时，决定在筐儿港建筑一座拦水坝，随后就在河西务（今天津武清区东北、运河西岸，当时是漕运要冲）登岸步行二里多路，亲自设置测量仪器，确定方向，钉下桩木，来记录测量结果。

在康熙皇帝的直接领导下，利用耶稣会传教士科学技术方面的长处，清朝的学者与他们合作，完成了一系列重大科技项目。除了制定并颁行《康熙永年历》，编著《数理精蕴》、《历象考成》外，康熙还亲自领导完成了全国地图的测绘。

那是在中俄缔结《尼布楚条约》之后，康熙帝见到一幅亚洲地图，图中关于清朝满洲地区的地理知识相当缺乏，便有开展测绘工作的打算。后来他从广州购入仪器，每到东北和江南各地巡视的时候，就命随行的外国传教士先测定经纬度。在条件成熟之后，他命耶稣会传教士先测京师附近地图，由他亲自校勘，认为远胜旧图，才下令由中、西两方人员组成测绘队进行全国地图的测绘。

全国地图的正式测绘是从康熙四十七年（1708）开始的，由法国教士白晋、雷孝思和杜德美等人率领。先从长城测起，然后测北直隶，再测满洲地区。为了加快速度，公元 1711 年康熙命增添人员，分两队进行。因此关内 10 余省，包括西南、西北广大地区，约用 5 年时间先后竣事。

康熙五十七年（1718），一份具有相当水平的《皇舆全图》终于绘成了。这是一件了不起的大事。当时欧洲各国的大地测量，有的尚未开始，有的虽已开始，也未完成，而中国在 18 世纪初期完成了全国性的三角测量，走在了世界各国的前列。

康熙帝亲自领导的全国大地测量，有两件事是非常有意义的。

第一，是尺度的规定。康熙为了统一在测量中所使用的长度单位，规定以 200 里合地球经线 1 度，海里 1800 尺，因此每尺的长度就等于经线的 1/100 秒。这种以地球的形体来定尺度的方法是世界最早的，法国在 18 世纪末才以赤道之长来定米制的长度。

第二，是发现经线一度的长距不等。康熙四十一年（1702）实测过中经线上由霸州到交河的直线长度，以后在康熙四十九年（1710）又在满洲地区实测北纬 41 度到 47 度间的每度直线距离。这些测量都可以得出纬度越高，每度经线的直线距离越长的结论。如北纬 47 度比 41 度处测得的每度经线的长度长约 258 尺。这是过去的测量中从未得到的结果，这一结果曾遭到欧洲一些学者的怀疑，后来得到证实。这是世界科学史上一件值得纪念的大事，所取得的成就，在当时世界上可以说是第一流的。

由于社会条件和康熙本人思想方法的局限，他对自然科学的兴趣和一定的探索，只能产生有限的积极效果。他执政期间，沿用妨碍科学发展的八股取士制度，大兴文字狱，又严重阻碍了科学技术的应用和发展。

康熙帝能身体力行学习科学，利用科学，亲自领导具有科学意义的工作，这种探索精神，在中国历代封建社会中是少见的。如果清朝历朝皇帝都能继承和发扬这种勇气和精神，那在中国近代的历史中，恐怕就要少些悲剧。

清代名医叶天士

叶天士（1667—1746），名桂，号香岩，江苏苏州人。他是清代一位名望很高的医学家。

叶天士的祖父叶时，父亲叶朝采，都很擅长医学，而祖父更是一位高明的儿科专家。叶天士 14 岁丧父，此后便跟从父亲的门人学医。由于好学精思，聪明颖悟，叶天士常常听到一种见解就立刻理解，而且见解还在老师的见解之上，真是青出于蓝而胜于蓝。

尽管叶天士的学习成绩优异，却从未产生骄傲自满的情绪，即使在他独立行医的时候，也仍然手不释卷，并坚持向一切内行的人学习。只要听说哪位医生有特殊专长，就立即前往虚心求教，10 年之内，曾就学于 17 位老师。他态度虔诚，彬彬有礼，被询访的医生都很感动，无不披肝沥胆，推心置腹，知无不言，言无不尽。

叶天士敏而好学，于书无所不窥，又能博采百家之长，真正做到集思广益，这为他后来在医学上的高深造诣打下了坚实的基础。

叶天士具有勇于追求真理的精神，一旦发现自己错了，就毫不掩饰地予以纠正。有一次，他看到了徐灵胎（清代医家，与叶氏同时而稍晚）的一张处方，一面赞赏徐氏看病颇有心思，一面批评徐方缺乏医书的理论根据。后来他读了唐代医家王焘的《外台秘要》，发现徐方是从该书中化裁而来，便责怪自己读书不够，承认前次对徐氏的批评不对。他说："我从前认为徐灵胎开处方没有根据，谁知全出自《外台秘要》，可见学问无穷，读书不可轻视啊！"这种实事求是的科学态度是难得的。

叶天士骋誉医坛50年，死时已是八旬高龄，临终之前，他还语重心长地告诫了儿子一番。他说："医可为而不可为，必天资聪悟，读万卷书，而后可以济世。不然，鲜有不杀人者，是以药饵为刀刃也。吾死，子孙慎勿轻言医。"这是他饱经沧桑之后的肺腑之言，也深刻地说明，医生绝不是可以随随便便当好的。

医者必须竭尽聪明才智，长期不懈地努力学习，读书破万卷，并要在临床实践中不断总结经验，精益求精，才能做到妙手回春，化险为夷。否则临症茫茫，胡乱处方，势必成为用药物杀人的庸医。因此，他告诫子孙，千万不要轻易谈论医学。由此可以看出他把医生的学习和专业知识的提高，放在多么重要的地位，这些对我们今天仍有很好的启示意义。

叶天士兼通内、妇、儿及五官科，而以内科为主。对于儿科也很擅长，尤其善于治疗痧（麻疹）、痘、惊风、疳积等症，要言不烦，常常几句话就能道破某些儿科疾患的本质特征和施治诀窍。对此，徐灵胎赏叹不已地说："叶公断治疾患，和平精切，字字金玉，可法可传，得古人之真诠而融化之，不愧名家。"

在内科杂病的诊疗方面，叶天士精于切脉、望色、察看舌苔及验齿等，分析病情丝丝入扣，了如指掌。患者无不点头称是。

叶天士治病师古而不泥古，最善于化裁古方、创新方。往往将古方加减一二味，就能取效神速，做到迎刃而解，涣然冰释。

叶氏十分重视识症、立法、用方，特别强调对症下药，坚决反对盲目地乱投药物。他曾经批评说："用寒性药还是用温性药，要视病而定，前人或偏重寒凉性的药，或偏重温性的药，后人学习而不加以识别，借温寒兼备之药侥幸治愈，凭中和之药来掩饰自己的无知，实在是要不得的。病有眼前之症，还会有变症，一定要胸有成竹之后，才可以施方治疗。"

他的批评是切中当时医界时弊的。那些庸劣的医生们，平时不肯钻研专业技术，临症就诊毫无定见，既不能准确辨症，又分不清药物的性味功能，往往在同一个处方里，寒热温凉各种药都有，希望用这种大杂烩的方式来掩盖自己的拙劣。见施治不效，就今天改一次方，明天换一服药，这样瞎碰乱试，又怎能治好病呢？

叶天士处方用药总是反复琢磨，千锤百炼，一旦认准病症，就坚持使用拟定的方剂，绝不任意变更。到叶天士那里就医的，大多是别的医生没有治好的疑难病症，有些沉疴痼疾，往往需要几十副甚至上百副药才能治好。

有位多年身患疾病的患者到他那里就诊，叶天士给他开了处方，并且嘱咐说："服此百剂，终身不复发矣。"病人回家之后，服至 80 剂，病已霍然而愈，便自动停止服药。但过了一年以后，旧病复发，只好再次求诊于叶天士。叶天士感到非常诧异，经过询问，才知道是由于患者未遵医嘱，因而病根未除。于是决定让病人再复原方 20 剂，患者照数服完之后，那个缠身多年的顽症果然不再复发了。像类似的例子很多，人们竞相传颂，众皆叹服其技艺之"神妙"。

叶天士还以擅长治疗时疫著称，对中医温病学的贡献很大，也是温病学说的奠基人之一。

叶天士在继承吴又可温病学说的基础上，系统地总结了温病的辨证论治规律。他把温病分为卫、气、营、血 4 个阶段，表示病变由浅到深的发展过程，也是温病的辨证纲领。在处方用药方面，反对使用治伤寒的辛温药来治温病，而主张大量采用清热解毒的寒凉药物。这就使温病学说从基础理论到临床实践都有很大的发展。

在叶天士的倡导下，清代研究温病学的人与日俱增，如薛生白、章虚谷、吴鞠通、王孟英等，都在温病学上很有成就，形成了许多著名的温病学派。温病学说的确立，使许多垂危的瘟疫患者获得救治，弥补了单纯用治疗伤寒的方法对付一切外感病、传染病所造成的缺欠和损失，也为今日采用中西医结合的方法防治某些烈性传染病提供了宝贵经验。

叶天士以其实事求是的严谨态度和执着不怠的探索精神，为中国的医学事业做出了卓越贡献，由于毕生忙于诊务，很少亲自著述，所传《温热论》、《临症指南医案》、《叶案存真》等书，大都是他的弟子及后人搜集整理而成的，为中国的医学宝库注入了新的营养。

千奇百怪话儒林

吴敬梓（1701—1754），字敏轩，又字文木，安徽全椒县人，他是清代的著名小说家。

吴敬梓出身名门望族，他从小刻苦读书，加上天资聪颖，年轻时便成了知识渊博、才华出众的人物。他早年热衷科举，20岁时考中了秀才。后因科举不力及生活日益贫困，加之他父亲因官场争斗含冤而死，使他对现实社会逐渐有了清醒的认识。

吴敬梓开始窥见官场内部贪赃枉法、争权夺利、互相倾轧的丑恶现实，从此立志终身不仕，横对流俗，笑傲公卿，对科举制度深恶痛绝。

吴敬梓广结三教九流人物，为人豪爽旷达，把功名利禄视为粪土，遇到贫穷的人，就舍出自己仅有的钱财救济他们；碰到达官贵人，他毫无卑躬屈膝之态，嬉笑怒骂，极尽锋芒。人们看到他如此做法，百思不得其解，乡绅们都骂他是"怪人"、"疯子"、"败家子"。

其实，吴敬梓比从前更富有理性，他对社会和人生比从前认识得更清。在这种理性的驱使下，他要狂放地展示自己叛逆的形象和精神，这种精神是他创作《儒林外史》的思想基础。

吴敬梓33岁那年，驾着一叶扁舟，离开了家乡全椒，移居南京。不久，成了当时文坛的盟主。他交结了很多思想深邃、性情放达、文采耀人的朋友，谈天论地、磋磨文学，朋友们的真知灼见，为他的思想灌注了丰富的养液。他思索着，他要用自己的心，用自己的笔，去描绘人世间灰色的大幕，去勾勒儒林士大夫们千奇百怪的情状，并将它全面展示于人们眼前。

吴敬梓 39 岁时，开始写作《儒林外史》。由于生活格外困苦，他就靠典衣当物及卖文度日。

有一时期，家里经常断炊，几天揭不开锅，该当的东西都当了，空着肚子为人写文章，又远水不救近渴，实在没有办法，不得不接受友人的接济，这些朋友又大都散居四处，他便跑到各地去寄食。

他有时想起来，觉得自己像一条无家可归的野狗，但又转念一想，自己虽四处寄食，却不攀高拜上，献媚求宠、为人狂吠，不是一条巴儿狗，倒也心安理得了。

到了冬天，寒气逼人，室内无火取暖，他仍日夜伏案著书。夜间寒冷难耐，手脚都快要冻僵了，他就邀集一些朋友，乘着月色绕城跑步，一跑就是几十里，有时邀集不到朋友，他就一人跑起来，夜夜如此，他把这件事诙谐地称为"暖足"。

艰难困苦的生活，并没有把吴敬梓吓倒。尽管他迫于生计，东奔西跑，然而从不放弃自己的写作计划。他还利用一切机会，把朋友间交谈中听到的故事，街谈巷议中传出的有趣逸闻，经过构思、加工、提炼后，写进《儒林外史》里去，正所谓"披沙拣金，时有获宝"。

就这样，吴敬梓经过了 10 年的艰辛创作，终于在 49 岁那年完成了《儒林外史》这部 30 万字的巨著。此外，他还著有《文木山房诗文选》12 卷，《诗说》7 卷。

《儒林外史》是中国第一部优秀的古典讽刺小说。全书共计55 回，笔锋所指遍及社会各个角落，集中揭露了封建科举制度的腐败，讽刺了利欲熏心的封建文人，从一个侧面深刻地反映了封建制度必然灭亡的历史趋势。

首先，吴敬梓对封建的八股科举制度做了深刻的揭露。作品从一开始就借书中人物之口，反对明太祖朱元璋制定的八股考试制度，指出这是一代文人的厄难。接着他通过塑造的两个封建文人周进和范进的典型形象，揭露了一心向上爬的封建文人，一旦步入仕途就成为贪官污吏的丑恶，无情地抨击了科举制度的虚伪，以及它所造成的社会罪恶。

其次，作品有力地痛击了封建官府和官僚政治的腐败。他形象地描绘了封建官吏的昏聩无能和爱钱如命，他们念念不忘"三年清知府，十万雪花银"。他们满口仁义道德，实际上却是男盗女娼。

作品在揭露儒林群丑的同时，还塑造和歌颂了一批寄托作者理想的人物。如杜少卿这个反对科举制度，鄙视功名利禄，蔑视八股文和封建礼教的叛逆者，沈琼枝这个敢于向封建势力挑战，自食其力，要求妇女人格独立，追求个性解放的卓尔不群的新型女性。

但是《儒林外史》也有其时代的局限，在描写正面人物时，仍然不乏孔孟之道的色彩，缺乏进取和朝气。

尽管如此，自从《儒林外史》刊出后，一直受到众多人士的喜爱。其嬉笑怒骂的灵气和智慧，其畅达淋漓的文采，至今仍闪烁着不灭的光芒。

如果没有对社会现实、世人心态的深刻洞察，没有超越流俗、蔑视功名利禄，敢于冲破"文字狱"的勇气和精神，是写不出如此充满战斗气息的不朽著作的。200多年来，吴敬梓一直受到人民的尊敬和爱戴。

　　新中国成立以后，安徽全椒人民为吴敬梓建立了纪念馆，永远纪念这位伟大的现实主义文学家。

戴震勤思而善问

戴震，字东原，安徽休宁人，清代著名的考据家、思想家。

他10岁入学读书，记忆力特别强，每天坚持熟读几千字的文章，而且他读书喜欢追根寻底，力求弄懂，从不放过一个疑点。

有一天，老师讲《大学》一书，这是儒家经典著作"四书"之一。讲完了"大学之道"一段以后，老师高声说："这一章叫《经》，是孔子说的话，由曾子记述的；以下的十章叫《传》，是曾子的见解，由曾子的学生写下来的。"

戴震一边认真地听讲，一边思索着老师的每一句话。老师讲完后，戴震上前问道："老师您这么讲有什么根据呢？""这是朱熹说的。"老师回答。戴震接着又问："朱熹是哪个朝代的人？""宋朝人。""那么，孔子和曾子又是什么时代的人呢？""都是周朝人。""周朝和宋朝，相隔多少年？"老师说："差不多有2000年。""既然如此，那么，朱熹又是根据什么了解得那么清楚呢？"老师被问住了，无话可答。他佩服这位学生打破砂锅问到底的精神，赞叹地说："真是个了不起的孩子啊！"

朱熹是南宋时代的哲学家，他创建的理学被明清两代统治者奉为儒学正宗。可是小小年纪的戴震并不盲信这位大人物，对他的《四书章句集注》提出了大胆的怀疑。

实际上，戴震的疑问提得很有道理。后来有人考证出《大学》并非曾子及其学生所作，约为秦汉之际儒家的作品。

从这以后，老师讲课更加认真了。老师发现自己的知识已满足不了戴震的要求，就把许慎的《说文解字》和其他字典、词典交给戴震，让他自己去查阅。

戴震在读经书时常常查阅这些工具书，又找来汉代经学家解《经》的各种著作，互相参照、比较、考证。对每个字都穷本溯源，贯穿群经，给予确切的解释。

经过 3 年多时间，戴震把前人汇编的《十三经注疏》等有关著作都研究一番，掌握了非常丰富的知识，终于成了著名的一代考据大师。

戴震博闻强记，除精通经学、语言学外，对天文、数学、历史、地理均有深刻研究，著有《原善》、《孟子字义疏证》、《声韵考》等。乾隆年间修《四库全书》，他被特召为纂修官。这些成就的取得，是同他学生时代的刻苦钻研分不开的。

王贞仪不让须眉

清代有个女天文学家，名叫王贞仪，字德卿，江宁（今江苏南京市）人。她是我国科技史上的一颗明珠。

王贞仪出身于封建士大夫家庭。父母对她非常喜爱而又管教甚严，使她从小就养成了酷爱学习的习惯。她学习不仅有钻劲，而且有韧劲，碰到什么问题，不弄懂弄通决不罢休。她虽身居闺阁，但却胸怀宽广，壮志凌云，严于律己，刻苦治学。

还在十几岁的时候，王贞仪就对天文学发生了浓厚的兴趣。她不顾夏日炎炎的酷暑或北风呼呼的严寒，坚持观察天象，考察风云的流动、星座的变幻、气温的升降，以及湿度的高低。由于长年观测，她积累了许多第一手天文资料，取得了丰富的气象知识，较系统地掌握了四季气候变化的规律。对某些地区，特别是她家乡地区的气象预测，其准确率达到惊人的程度。

王贞仪既注重书本理论，又很注重实践活动。有时，为了验证书本中的理论，她在自己的家里，因陋就简，创造条件，进行一项又一项科学实验活动。

为了验证望月和月食的关系，对月食做出正确的解释，她反复实验，常在农历十五日的晚上，在花园亭子间的正中放一圆桌当地球，在亭中梁上用绳子垂系一盏水晶灯当太阳，在桌旁放上大圆镜当月亮，一次又一次摆置、挪动、转移三者的方位，一次又一次地仰望明月星汉，焦思苦虑，反复琢磨，终于写出了很有价值的天文论著《月食解》。

特别可贵的是，王贞仪还提出，地球所处的位置是在四面皆天的空间，地球上任何地方的任何人所站的都是地，头顶的都是天。对宇宙空间来说，没有上、下、正、偏的区别。王贞仪的这个相对空间的理论，在当时是一个很有价值的科学发现，澄清了人们对地球的错误认识。

"人生学何穷，当知寸阴宝。"这是王贞仪的治学经验之谈。她随着父亲工作的迁徙，走遍大江南北，塞外关内。在旅途跋涉中，她也从不放松学习和考察。她曾写下了"足行万里书万卷，尝拟雄心胜丈夫"的著名诗句。

但是，在"往往论学术，断不重女子"的封建社会里，王贞仪的凌云壮志和真才实学却毫无施展的机会。

王贞仪善诗会画，才华出众，除天文、气象外，对地理、数学和医学等多方面均有研究。

王贞仪只活了29岁，在短短的一生中，却写下了包括文、赋、诗、词各种文体的文学著作《德风亭集》20卷，以及《星象图释》、《筹算易知》、《历算简存》等10多种科学论著。

王贞仪还对别人的一些天文论著提出新的见解。不幸的是，她的科学成就当时没有受到人们的重视，甚至连她的亲属也不能了解她。王贞仪临终时，只得把自己的书稿转交给一位女友保存。

魏源勤奋注《大学》

魏源（1794—1857），字默深。清代湖南邵阳人，他是中国近代杰出的爱国主义思想家、史学家和文学家，也是最早向西方学习的革新家之一。

魏源从小沉默少语，喜欢独自静坐，所以取号叫作"默深"。

魏源七八岁时，被送进书塾里学习。他读书很用功，尤其喜爱阅读诗文、史地方面的书籍。白天在书塾里，他总是埋头苦读。当小伙伴们休息时，他却一动不动地坐在座位上，津津有味地读着先生讲过的文章。先生早将这些看在眼里，他总是捋着胡须，语重心长地对自己的学生说："你们当中无论是谁，要想成大器，我看非有魏源这种刻苦勤奋的学习精神不可……"

在家里也是如此，他往往读书到深更半夜，有时遇到好书爱不释手，竟一直读到天明。母亲心疼他，怕他小小年纪累坏了身体，常常催他早点休息，魏源嘴上答应着，却迟迟不肯放下手里的书。母亲无奈，只好把灯吹灭逼着他去睡觉。但是等到母亲入睡后，魏源却又悄悄地起来，点上灯，用被子遮着光，继续读起来。

勤奋的小魏源插上了智慧的翅膀。9岁那年，魏源就参加了县里的童子试。

考试这天，几十名儿童熙熙攘攘上堂，县令亲自主持童子试。点名时，县令见魏源眉清目秀，举止潇洒，十分可爱，但不知才学如何，于是叫来魏源，指着自己茶杯上画的太极图对他说："杯中含太极。"

当时，魏源怀中正揣着母亲给他的两张大饼，他用手摸了摸胸口，从容答道："腹内孕乾坤。"

众人听后都很震惊，县令也觉得奇怪，问他："何谓乾坤？"

魏源不慌不忙地回答说："天地谓乾坤，我怀中揣着的两张大饼，不正像乾坤吗？我吃了两张大饼，就要考虑天地间大事！"县令连连点头，赞叹他年幼而有大志。

魏源21岁时，随父亲来到北京。条件变了，可魏源那股勤奋学习的劲头并没有变。他博览群书，废寝忘食。他给自己定下规矩，要"足不出户，闭门读书"。父亲多次劝他说："京城的一切都是新鲜的，你应当出去看看，也好换换脑子。"

魏源听后，指着桌上的书说："等我看完了这几本，一定听从父亲的话……"

哪里知道，魏源桌上的书看完了，又拿来新的，总也看不完。

当时，大学士汤金钊非常赏识魏源的才识，对他十分器重。两人经常在一起探讨学问，魏源称汤金钊为恩师，并从他身上获得了不少教益。

一天，汤金钊捧着一部《大学》古本，对魏源说："这部前人留下的著作，太繁杂了，许多人也曾整理过，可惜没能有满意的注释。如今，只好请你来完成了。"

魏源接受这一任务后，50多天没有去拜见汤金钊，汤金钊以为他病了，便亲自登门探望。

听说汤金钊来了，魏源急忙出来迎接。汤金钊一抬头，只见此人蓬头垢面，满脸胡须，心想，这或许是魏源之仆人吧，便说道："快去转告魏源，说他的先生看他来了！"

魏源深深一躬，转身捧出那部《大学》古本说："恩师，学生遵命，已将此书注完，请过目！"

汤金钊不禁叹道："你勤学罕见，竟至于此！"

原来，魏源在这 50 多天中，脸不洗，头不梳，不分昼夜地完成了这部著作的整理和注释。

　　魏源是中国近代史上著名的学问家，他的成就是对他勤奋刻苦、孜孜以求的最好报答，也给后人留下了有益的启迪。

少年练恕写历史

    练恕（1821—1838），字伯颖，广东连平州（今连平县）人。他 16 岁就成了清代著名的史学家。

    道光元年，练恕出生于一个书香世家。父亲练廷璜是一位重视读书且颇具文采的地方官，练恕 7 岁就随父亲到江浙读书。

    练恕聪敏过人，学习刻苦。9 岁读完了"五经"，又开始攻读各种史学名著和诸子百家著作。13 岁时，已经精通了 13 种经书，以及《史记》、《汉书》、《后汉书》。这时，他已能用文言文流畅地写文章了。14 岁时，练恕又遍览了中国编年体历史巨著《资治通鉴》。这部巨著共 354 卷，上至周威烈王、下迄五代后周世宗，共记述了 1362 年的史实。这部巨著能载一车，14 岁的孩子能遍览，实在令人惊叹！

    那时，读书做官是一般文人的必由之路，父亲希望他早习应试文章，好金榜题名，光宗耀祖。练恕却不愿为科举而死读书，立志献身于祖国的史学大业。

    15 岁时，练恕染上了"咯血疾"（肺结核）。父亲命他放弃学业，安心养病。他却常常躲开父亲，把书带到僻静的地方，一看就是十一二个小时。练恕读书，不是死记硬背，而是独立思考。遇到疑义，便找来其他的书比较对照，把正确的结论，记在纸上。

勤奋和天才使练恕治学的效果远远超过常人。他的汉唐史学功力，已超过了一般宿儒。父亲用《史记》、《汉书》中的事件考他时，他能对答如流。人们谈论史学时，只要有误，他就立即指出。

　　一次，父亲读沈东甫的《新旧唐书合钞·序》，念到"刘司徒"怎样怎样时，练恕立即插言说："'司徒'是'司空'之误。因为刘司空的名字叫刘昫，生前只做过司空。"父亲不信，就拿来《五代史·刘昫传》查看，果然是练恕说得对。

　　练恕爱和父亲的同僚们一起讨论学术问题，并能言中要害。父亲的同僚们自叹："廉颇老矣！"

　　翻开《二十五史补编》，署名练恕的著作就有 4 种。令人难以置信的是，这些与史学大师并列的专著，竟会出自一个十几岁的少年之手。练恕从 11 岁便开始编著《后汉公卿表》，寒暑不辍，总共 3 次易稿。他 15 岁患病的时候，又写出《五代地理考》等 3 部史书。他还有两种未收入《二十五史补编》的历史专著和杂文 11 篇，这些无不闪烁着智慧的火花。

　　16 岁时，练恕肺病复发，吐血不止。父亲强迫他停止著述。

　　以后，他的病情日趋恶化。道光十八年 5 月，练恕在他父亲所在的上海县署病逝，年仅 18 岁。

　　　　练恕虽然匆匆离开了人世，却留下了勤奋的思考，留下了智慧的火花。

王闿运读书求解

　　清朝末年，在湖南湘潭一个偏僻的乡村里，有个孩子叫王闿运，长得呆头呆脑的，邻居们都把他看成一个傻孩子，连父母都不喜欢他，认为他将来不会有什么出息。他记忆力又差，人家让他记点事，一转眼他就会忘得一干二净。

　　到了该上学的年纪，父亲把他送到学馆里学习，老师让他背诵课文，他从来不能把一段课文完整地背诵下来，有时候站在那里竟然连一个字都背不出来，急得他直用手敲自己的脑袋。

　　王闿运虽然愚笨，可是上进心很强，他用比别人多几倍的时间来背诵课文，白天的时间不够用，他就晚上来背诵，不背诵下来就不吃饭也不睡觉，直到背会了为止。他刻苦志学，无论严冬酷暑，从不间断。

　　凭着顽强的毅力，王闿运终于在十四五岁时对所学的文章能流利地进行讲解，并且对那些古奥艰深的文字也能逐一解释，从而他对训诂学发生了兴趣。

　　到了 20 岁左右，王闿运的文章已经写得相当好了。而在他二十七八岁的时候已经对历史典籍有了深刻的研究，终于在咸丰三年考中了举人，成了著名的学者。后来他在山东设馆教学。

　　山东巡抚崇恩非常钦佩他的才华，把他待为上宾，当崇恩由山东前往北京就任尚书职务时，又把王闿运推荐给当时官居要职的肃顺，于是王闿运就做了肃顺的幕僚。

肃顺对他尊之为师长，事无巨细都要向他请教。然而王闿运落落寡合，不善于混迹于官场，后来自动引退，专门从事教育事业。

王闿运抓紧一切时间进行写作，一生著述甚丰，刊行于世的就有《周易说》、《尚书义》、《诗经补笺》、《春秋公羊传笺》，以及《论语注》、《尔雅集解》、《湘绮楼诗文集》等近 30 部著作，为后人留下了宝贵的遗产。

华蘅芳自学数学

清代末年，江苏无锡出了一个著名的数学家，他的名字叫华蘅芳。

华蘅芳 7 岁的时候，鸦片战争爆发了。鸦片战争的炮声，使一些人的思想受到很大震动，逐渐地感觉到了学习先进科学技术的重要。在他幼小的心灵里，也发出了读"四书五经"到底有什么用的疑问。

少年的华蘅芳立志要探求新知识。可是，当时整个中国没有一所传授新知识的学校，华蘅芳到哪里去寻求新知识呢？只有自学。他从徐寿那里借来《算法统宗》。此书专门讲述中国珠算演算的算理和方法，共 17 卷。华蘅芳只借到一卷，却如获至宝，激起了他学习数学的兴趣，朝夕研读。

为了获得新知识，他不畏艰难，在没有老师指导的情况下，硬是闯过了一个个难关，把这本书弄通了。这次学习，使华蘅芳尝到了学习算学的一些甜头。他觉得，在算学里边有深奥的学问。从此，便把注意力集中在钻研算学上。

16 岁那年，华蘅芳偶然在父亲的乱书堆里发现一本画有各种图式的旧书，便好奇地拿起来翻阅。原来是清朝以前刻印的一本中国古算书，缺头少尾，字迹模糊不清。

即使这样，华蘅芳也非常珍惜，终日废寝忘食，在房中苦心研读。只用了短短几个月时间，就领会了这本古算书残卷的全部内容。

华蘅芳不仅搞通了古算学的珠算解题法，而且领略了一些古算理。他觉得算学有明显的实际用途，更加坚定了他钻研算学的志向。

他先后学习了《周髀算经》、《九章算术经》、《孙子算经》、《王曹算经》等许多种中国古代算术。这些算书，都是历代流传下来的中国古代算学名著。这么多书，又这么深奥，从何学起呢？他决定抓住重点，各个击破，一个问题一个问题地解决，逐步攻下古代算学这个堡垒。从 16 岁到 19 岁，华蘅芳几乎足不出户，每天伏案沉思。对上自秦汉下至明清时期的中国古代大量算学著作，进行了比较全面、系统地学习和钻研，从中吸取了丰富的营养，向近代数学新的制高点攀登。

华蘅芳开始向近代数学探索，可是他再也找不到这类参考书了。正在他十分苦恼的时候，听说上海有个数学家正同外国数学家伟烈亚力合作，翻译国外科学著作。这对华蘅芳来说，太有吸引力了。

华蘅芳急忙来到上海，借来了已经译出的《代微积拾级》手稿，在旅馆逐字逐句抄录下来。他心里有说不出的愉悦，下决心一定要把这部外国算学著作的奥妙探索明白。

华蘅芳经过多年的探索，在吸取我国古代算学遗产的基础上，终于登上了世界近代数学的制高点，积跬步至千里，成了当时中国著名的数学家。